Amor Consciente

Estrategias Para Arreglar El Pensamiento Excesivo En Tu Relación

LEE M. HANSEN

Primera Edición: Febrero 2024

Derechos de autor© 2024: Digital Pulse Product

Escrito por: LEE M. HANSEN

Traducción : Isabella Langley

Este informe tiene como objetivo proporcionar información precisa y sólida sobre el problema y el problema asegurado. El resultado podría prestarse con la perspectiva de que el fabricante no tenga que llevar la contabilidad, las administraciones con licencia oficial o las administraciones que reúnan los requisitos de otro modo. En caso de que una exhortación sea relevante, legal o calificada, se debe requerir una persona ensayada en la llamada. La Declaración de Principios fue aprobada y respaldada por el Comité de la Asociación Americana de Abogados y la Comisión de Publicaciones y Asociaciones. No es lícito reproducir, copiar o distribuir ninguna parte de este estudio utilizando métodos electrónicos o escritos por la comunidad. El registro de esta entrega está deliberadamente prohibido, con la excepción de la autorización por escrito del distribuidor, no se permite la capacidad de este material. Se conservan todos los recursos. La información proporcionada se transmite como veraz y consistente, en la medida en que cualquier posibilidad, en ausencia de pensamiento u otra cosa, de cualquier uso o mal uso de cualquier método, procedimiento o cookie que se encuentra en ella es responsabilidad especial y definitiva del receptor por usuario. Cualquier obligación o responsabilidad civil recaerá sobre el vendedor por cualquier reparación, daño o infortunio relacionado con el dinero atribuible a los datos recibidos, ya sea explícita o indirectamente. Esos autores hacen valer todos los derechos de autor que el vendedor no conserva. Las estadísticas en este documento son únicamente para fines instructivos y son todas. Los detalles se alcanzaron sin consentimiento ni reconocimiento de garantía. Las marcas utilizadas se harán sin permiso y sin la aprobación o ayuda del propietario de la etiqueta. Todos los logotipos y marcas comerciales en este libro son solo para fines informativos y están explícitamente en manos de personas que no están afiliadas a este documento.

RESPONSABILIDAD LIMITADA - DESCARGO DE RESPONSABILIDAD

El contenido del libro titulado "Estrategias de amor consciente para arreglar el pensamiento excesivo en su relación" se proporciona solo con fines informativos. El autor y el editor no hacen ninguna declaración o garantía con respecto a la exactitud, aplicabilidad, integridad o idoneidad de la información contenida en este libro.

La información presentada en este libro se basa en las experiencias personales, investigaciones y opiniones del autor. No pretende ser un asesoramiento profesional y no debe considerarse como tal. Se anima a los lectores a consultar con profesionales cualificados para obtener asesoramiento adaptado a sus situaciones específicas.

El autor y el editor no serán responsables de ningún daño directo, indirecto, consecuente, especial, ejemplar o de otro tipo que surja del uso de la información proporcionada en este libro. Esto incluye, entre otros, daños por pérdida de beneficios, datos u otras pérdidas intangibles.

El autor y el editor no respaldan ni asumen ninguna responsabilidad por el contenido de los sitios web externos o los recursos a los que se hace referencia en este libro. La inclusión de dichos enlaces no implica el respaldo o la aprobación del contenido, los puntos de vista o las opiniones presentadas en estos sitios externos.

Los lectores son responsables de sus propias acciones y decisiones basadas en la información presentada en este libro. El autor y el editor renuncian a cualquier responsabilidad por los resultados de tales acciones o decisiones.

Al leer este libro, los lectores reconocen y aceptan la responsabilidad limitada y el descargo de responsabilidad descritos en este documento. Si los lectores no están de acuerdo con estos términos, no deben utilizar la información proporcionada en este libro.

Esta exención de responsabilidad limitada está sujeta a cambios sin previo aviso. Es responsabilidad de los lectores revisar y estar al tanto de cualquier actualización de este descargo de responsabilidad.

Al acceder y utilizar la información de este libro, los lectores aceptan y están de acuerdo con los términos y condiciones descritos en este descargo de responsabilidad limitada.

TABLA DE CONTENIDOS

Introducir el concepto de pensamiento excesivo en las relaciones y su impacto

En la intrincada danza del amor, donde las emociones tejen un tapiz de conexión, existe una fuerza sutil pero potente que a menudo se cuela en el espacio sagrado entre dos individuos: pensar demasiado. En el ámbito de las relaciones, pensar demasiado es más que un mero ejercicio mental; Es un patrón cognitivo complejo que puede influir significativamente en la dinámica del amor. A medida que nos embarcamos en esta exploración de estrategias de amor consciente, es imperativo comprender primero la naturaleza matizada del pensamiento excesivo y el profundo impacto que puede tener en el delicado tejido de una relación.

El pensamiento excesivo en las relaciones es un fenómeno cognitivo en el que las personas se encuentran atrapadas en un bucle incesante de análisis, disección y sobreanálisis de varios aspectos de su conexión con sus parejas. Es un estado mental en el que la mente se convierte en un campo de batalla de dudas, incertidumbres y un aluvión de "qué pasaría si". Las semillas del pensamiento excesivo pueden ser sembradas por una miríada de factores, que van desde traumas e inseguridades pasadas hasta expectativas sociales y miedos personales. La mente humana, en su búsqueda de comprensión y certeza, puede sumergirse inadvertidamente en el laberinto del pensamiento excesivo, poniendo en peligro la simplicidad y la pureza que el amor encarna inherentemente.

El impacto de pensar demasiado en las relaciones es profundo y multifacético. En esencia, pensar demasiado genera una sensación de inquietud constante, proyectando una sombra sobre los momentos felices que las relaciones están destinadas a cultivar. Erige barreras a la comunicación abierta, ya que las personas dudan en expresar sus verdaderos pensamientos y sentimientos, temiendo las posibles repercusiones de las reacciones de su pareja. La espontaneidad que a menudo caracteriza las primeras etapas del amor puede ser sofocada por la presencia inminente del pensamiento excesivo, transformando lo que debería ser un viaje alegre en uno lleno de tensión y duda.

Además, pensar demasiado puede engendrar una percepción distorsionada de la realidad, donde las acciones benignas y las palabras inocentes se someten a un escrutinio meticuloso, lo que lleva a malentendidos y conflictos innecesarios. Se convierte en una profecía autocumplida, donde las dudas generadas por pensar demasiado se manifiestan en problemas tangibles dentro de la relación. Este parloteo mental constante puede erosionar los cimientos de la confianza, reemplazándolos con un frágil edificio de sospecha y ansiedad.

En esencia, el impacto del pensamiento excesivo en las relaciones se extiende más allá del ámbito psicológico; Reverbera a través de las dimensiones emocionales e incluso físicas del amor. El estrés y la ansiedad inducidos por el pensamiento excesivo pueden manifestarse como una tensión palpable en el bienestar de una persona, influyendo en todo, desde los patrones de sueño hasta la salud mental en general. Las relaciones, que alguna vez fueron una fuente de consuelo y apoyo, pueden convertirse en fuentes involuntarias de estrés, ya que los zarcillos del pensamiento excesivo se infiltran en cada interacción, arrojando una sombra sobre el potencial de una conexión genuina.

A medida que profundizamos en las estrategias para contrarrestar el pensamiento excesivo y cultivar el amor consciente, es esencial reconocer que superar este intrincado desafío requiere un enfoque holístico. Implica no solo abordar los síntomas, sino también comprender las causas fundamentales que dan lugar a pensar demasiado en el contexto de las relaciones. Al arrojar luz sobre este fenómeno y reconocer su impacto, preparamos el escenario para un viaje transformador hacia un amor más consciente y satisfactorio.

Importancia del mindfulness como herramienta para abordar el pensamiento excesivo

En el intrincado tapiz de las emociones humanas, donde los hilos del amor y la conexión se entrelazan, la práctica de la atención plena emerge como una herramienta poderosa y transformadora. Cuando se trata de navegar por las complejidades de las relaciones y combatir la influencia omnipresente del pensamiento excesivo, la atención plena se erige como un faro de conciencia y presencia. En esta exploración de las estrategias de amor consciente, es crucial profundizar en la profunda importancia de la atención plena como un enfoque matizado y eficaz para abordar el parloteo incesante de pensamiento excesivo que a menudo plaga las conexiones románticas.

La atención plena, en su esencia, es el arte de cultivar una mayor conciencia del momento presente sin juzgar. Invita a las personas a abrazar la riqueza de cada experiencia, fomentando una conexión profunda con uno mismo y con los demás. A medida que desentrañamos las capas del pensamiento excesivo y su impacto en las relaciones, el papel de la atención plena se hace cada vez más evidente, una fuerza estabilizadora que permite a las parejas liberarse de las cadenas de la incesante rumiación mental y redescubrir la simplicidad y la belleza inherentes a los momentos compartidos.

Una de las principales contribuciones de la atención plena al ámbito de las relaciones radica en su capacidad para anclar a los individuos en el presente. Pensar demasiado a menudo arrastra a las personas a las aguas traicioneras del pasado o las impulsa a un futuro incierto, generando ansiedad y dudas. La atención plena sirve como un salvavidas, que devuelve a las parejas al abrazo del ahora, donde florecen la autenticidad y la conexión. Al fomentar una conciencia consciente de los pensamientos y las emociones a medida que surgen, la atención plena proporciona un amortiguador contra la implacable marea de pensamiento excesivo, ofreciendo a las parejas la oportunidad de responderse mutuamente desde un lugar de claridad y presencia.

Además, la atención plena actúa como un potente antídoto contra el ciclo destructivo del pensamiento excesivo al fomentar la observación sin prejuicios. En el crisol de una relación, los malentendidos pueden aumentar cuando el pensamiento excesivo adjunta interpretaciones negativas a acciones o palabras inocentes. El mindfulness invita a las personas a ser testigos de sus pensamientos sin aceptarlos inmediatamente como verdades. Esta pausa para la reflexión permite a las parejas discernir si las narrativas mentales que alimentan el pensamiento excesivo se basan en la realidad o están distorsionadas por miedos e inseguridades arraigados. De esta manera, la atención plena se convierte en una lente de discernimiento a través de la cual se puede desentrañar la enmarañada red del pensamiento excesivo.

Fundamentalmente, la práctica de la atención plena fomenta la inteligencia emocional, una piedra angular de las relaciones saludables. Al sintonizar a las personas con el flujo y reflujo de sus propias emociones, la atención plena sienta las bases para la comprensión empática del mundo interior de la pareja. Frente al pensamiento excesivo, donde las suposiciones y las interpretaciones erróneas pueden correr desenfrenadamente, esta inteligencia emocional aumentada se convierte en un puente para una comunicación efectiva. Las parejas equipadas con atención plena están mejor equipadas para navegar por los mares tormentosos del conflicto, abordando los desacuerdos con una curiosidad compasiva que trasciende las limitaciones impuestas por el pensamiento excesivo.

Además, la atención plena extiende su influencia más allá del ámbito del pensamiento consciente, impregnando el tejido mismo de cómo los individuos se relacionan con sus parejas. Promueve la escucha activa, una habilidad que a menudo se ve ahogada por el clamor del pensamiento excesivo. A medida que las parejas aprenden a escuchar con presencia e intención, crean un espacio para la comunicación auténtica, donde se pueden compartir las vulnerabilidades y disolver los malentendidos. La atención plena, por lo tanto, se convierte en un superpoder relacional, desmantelando las barreras erigidas por el pensamiento excesivo y allanando el camino para una conexión genuina.

Establezca el tono del libro, enfatizando el poder transformador del amor consciente para fomentar relaciones más saludables

En el vasto paisaje del amor, donde los corazones se entrelazan y las almas buscan conexión, este libro emerge como una guía, una brújula que navega por las delicadas complejidades de las relaciones. A medida que nos embarcamos en este viaje juntos, el tema general que resonará en cada página es el poder transformador del amor consciente, una fuerza que tiene el potencial no solo de reparar las fracturas causadas por pensar demasiado, sino también de elevar las relaciones a nuevas alturas de comprensión, conexión y satisfacción.

En el corazón de esta exploración se encuentra el reconocimiento de que el amor, como cualquier obra maestra intrincada, requiere una atención consciente y una intención deliberada. Es un llamado a las armas para las personas que buscan no solo coexistir en las relaciones, sino prosperar, florecer juntos en un espacio compartido de autenticidad y vulnerabilidad. El viaje transformador que estamos a punto de emprender trasciende el asesoramiento convencional sobre relaciones; Es una invitación a cultivar un amor que no solo es duradero sino profundamente enriquecedor.

El tono de este libro es de optimismo, respaldado por la creencia inquebrantable de que el amor, cuando se aborda con atención plena, se convierte en un catalizador para el crecimiento personal y relacional. Es un antídoto contra las narrativas prevalecientes que describen las relaciones como inherentemente tumultuosas o destinadas a sucumbir a las presiones de la vida moderna. En cambio, celebramos la resiliencia inherente del amor y su capacidad para convertirse en una fuente de fuerza e inspiración.

El poder transformador del amor consciente se basa en su capacidad para romper las cadenas del pensamiento excesivo habitual, una enfermedad común que a menudo plaga las relaciones. Pensar demasiado, con sus insidiosos susurros de duda y ansiedad, puede ensombrecer las uniones más hermosas. Este libro sirve como un faro de esperanza, afirmando que el antídoto contra el pensamiento excesivo no se encuentra en las complicadas maniobras de relación o en las soluciones rápidas, sino en la profunda simplicidad de la atención plena.

El amor consciente no es un estado pasivo, sino una práctica activa e intencional. Implica un compromiso consciente de estar presente, tanto con uno mismo como con la pareja. Exige un alejamiento del modo de piloto automático que a menudo gobierna nuestras interacciones, alentando a las personas a comprometerse con la riqueza de cada momento. El viaje transformador comienza con un cambio de perspectiva: pasar de ver el amor como un destino a entenderlo como un proceso dinámico y evolutivo que requiere cuidado y atención continuos.

A medida que navegamos por los capítulos que tenemos por delante, cada página es una oportunidad para profundizar en las innumerables formas en que la atención plena puede infundirse en el tejido de una relación. Desde las estrategias de comunicación que fomentan la comprensión hasta el cultivo de la inteligencia emocional, el poder transformador del amor consciente se despliega en pasos prácticos y prácticos. No se trata de un tratado teórico, sino de una guía práctica, que ofrece a los lectores las herramientas que necesitan para embarcarse en su propio viaje de transformación relacional.

El tono es de aliento y empoderamiento. El amor consciente no es un ideal elusivo reservado para unos pocos elegidos, sino un potencial que reside al alcance de cada individuo dispuesto a embarcarse en el viaje. Reconoce las imperfecciones inherentes a las conexiones humanas, enfatizando que el crecimiento y la transformación no son sinónimos de perfección. En cambio, celebra la belleza de los aspectos desordenados, impredecibles y maravillosamente humanos del amor.

En esencia, este libro establece el tono de una narrativa de esperanza, resiliencia y el potencial ilimitado del amor cuando se aborda con atención plena. Es una afirmación de que las relaciones no son entidades estáticas, sino entidades vivas que respiran, capaces de adaptarse, crecer y

prosperar. El poder transformador del amor
consciente te espera, prometiendo un viaje que
trasciende los confines del pensamiento excesivo
y abre la puerta a un reino donde el amor florece
en su forma más pura y auténtica.

Capítulo 1: Comprender el pensamiento excesivo en las relaciones

Naturaleza y causas del pensamiento excesivo en el contexto de las relaciones románticas

En el intrincado tapiz de las relaciones románticas, el fenómeno del pensamiento excesivo emerge como una figura sombría, que proyecta su influencia sobre la delicada danza de la conexión. Para comprender realmente el impacto de pensar demasiado, debemos embarcarnos en una exploración de su naturaleza y profundizar en las raíces que permiten que se arraigue en el contexto del amor. La compleja interacción de las emociones, las experiencias pasadas y las expectativas sociales forma el telón de fondo en el que se desarrolla el pensamiento excesivo, dejando a los individuos enredados en una red de dudas e incertidumbre.

En esencia, el pensamiento excesivo en las relaciones románticas es un proceso cognitivo caracterizado por el análisis repetitivo y obsesivo de varios aspectos de la relación. Se extiende más allá de las consideraciones normales que acompañan a la reflexión reflexiva, transformándose en un ciclo implacable de dudas, diseccionamiento y escrutinio de cada matiz de las interacciones con un compañero. Los orígenes del pensamiento excesivo son tan diversos como las personas que lo experimentan, pero los hilos comunes a menudo conducen a inseguridades profundamente arraigadas, traumas pasados y presiones sociales que crean un caldo de cultivo para el incesante parloteo mental.

Un factor importante que contribuye a pensar demasiado en las relaciones es el bagaje de experiencias pasadas. Los problemas no resueltos o los traumas de relaciones anteriores pueden proyectar una larga sombra, influyendo en la forma en que las personas perciben y abordan sus conexiones románticas actuales. Un historial de desamor o traición puede dar lugar a una mayor vigilancia, lo que hace que las personas analicen en exceso cada gesto o palabra de una pareja actual en un intento de protegerse del dolor potencial.

Las expectativas sociales también juegan un papel importante en el fomento de las semillas del pensamiento excesivo. La presión para ajustarse a las normas sociales con respecto a la relación ideal puede llevar a una comparación constante con los estándares externos. Las personas pueden encontrarse cuestionando la autenticidad de su conexión, preguntándose si se alinea con la narrativa social de cómo debería ser el amor. Esta presión externa introduce un elemento de duda que alimenta el ciclo de pensamiento excesivo.

Además, las inseguridades personales pueden actuar como terreno fértil para el crecimiento del pensamiento excesivo. Ya sea que provengan de experiencias infantiles o de mensajes sociales sobre la autoestima, las inseguridades pueden magnificar los defectos percibidos y crear una lente distorsionada a través de la cual las personas se ven a sí mismas y a sus parejas. El miedo a no ser "suficiente" o la preocupación de ser amado incondicionalmente puede desencadenar una cascada de pensamientos excesivos, a medida que las personas lidian con sus propias insuficiencias percibidas.

Las fallas de comunicación dentro de una relación también pueden contribuir a la proliferación del pensamiento excesivo. Cuando falta una comunicación abierta y honesta, pueden florecer las suposiciones y las interpretaciones erróneas. Los individuos pueden llenar los vacíos con sus propias narrativas, a menudo virando hacia interpretaciones negativas que alimentan el ciclo de pensamiento excesivo. Esta falta de claridad se convierte en un caldo de cultivo para dudas y ansiedades innecesarias.

La naturaleza del pensamiento excesivo en las relaciones románticas es, por lo tanto, multifacética: una confluencia de factores internos y externos que crean una tormenta perfecta de duda y ansiedad. Es crucial reconocer que pensar demasiado no es un signo de defectos inherentes a la relación, sino más bien una manifestación de complejas influencias internas y externas. Al comprender las raíces del pensamiento excesivo, las personas pueden comenzar a desenredar la red que teje, allanando el camino para una conexión más auténtica y arraigada.

A medida que navegamos por las complejidades del pensamiento excesivo en las relaciones románticas, se hace evidente que el primer paso para superar este desafío es la autoconciencia. Al reconocer los patrones y desencadenantes que alimentan el pensamiento excesivo, las personas ganan la capacidad de interrumpir el ciclo. Esta autoconciencia sienta las bases para un enfoque más intencional y consciente del amor, uno que no se vea eclipsado por el zumbido constante de pensar demasiado, sino que se base en el momento presente y la conexión auténtica entre las parejas.

Impacto del pensamiento excesivo en la comunicación, la confianza y el bienestar emocional

En el delicado ecosistema de las relaciones románticas, el impacto de pensar demasiado se manifiesta como ondas en la superficie de un estanque tranquilo, interrumpiendo las aguas cristalinas de la comunicación, la confianza y el bienestar emocional. Para comprender el alcance de su influencia, debemos explorar cómo el pensamiento excesivo impregna estos elementos vitales, distorsionando el paisaje de la conexión y dejando un rastro de desafíos a su paso.

La comunicación, el alma de cualquier relación próspera, se lleva la peor parte de la influencia del pensamiento excesivo. El incesante parloteo mental que caracteriza el pensamiento excesivo crea una barrera para el diálogo abierto y auténtico. A medida que los individuos se enredan en una red de dudas y cuestionamientos, la claridad de la comunicación disminuye. Las expresiones simples de amor o los gestos de cuidado pueden ser examinados, malinterpretados o, en algunos casos, retenidos por completo debido al temor a posibles repercusiones. Las suposiciones tácitas engendradas por el pensamiento excesivo se convierten en una cuña silenciosa, que genera una brecha sutil pero impactante entre los socios.

La confianza, la base sobre la que se construyen las relaciones saludables, se enfrenta a la erosión frente al pensamiento excesivo. El constante cuestionamiento de los motivos y las intenciones, alimentado por los ciclos implacables del sobreanálisis, genera una atmósfera de sospecha. Los pensadores excesivos pueden encontrarse escudriñando cada interacción en busca de significados ocultos o motivos ocultos, socavando la base de la confianza que es esencial para una conexión sólida. La confianza requiere un cierto nivel de vulnerabilidad y creencia en las buenas intenciones de un compañero, cualidades que pueden verse comprometidas cuando el pensamiento excesivo ocupa un lugar central.

El bienestar emocional, íntimamente ligado a la salud de una relación, se convierte en una víctima del pensamiento excesivo. La gimnasia mental involucrada en el análisis excesivo de cada palabra y acción puede conducir a un aumento de los niveles de estrés y ansiedad. El costo emocional no se limita solo al pensador excesivo; Impregna la relación, creando una atmósfera de tensión e inquietud. El bienestar emocional prospera en un entorno de seguridad y comprensión mutua, cualidades que a menudo se sacrifican en el altar del pensamiento excesivo.

Además, el impacto de pensar demasiado en el bienestar emocional se extiende más allá del panorama emocional inmediato. Puede tener efectos tangibles en la salud física, alterando los patrones de sueño, elevando las hormonas del estrés y contribuyendo a una sensación general de fatiga. El costo de pensar demasiado en el bienestar emocional y físico se convierte en un círculo vicioso, ya que el bienestar comprometido alimenta aún más la propensión a pensar demasiado, creando un patrón de angustia que se perpetúa a sí mismo dentro de la relación.

Las implicaciones de pensar demasiado en la comunicación, la confianza y el bienestar emocional ponen de manifiesto la necesidad de estrategias intencionadas y conscientes para contrarrestar su influencia. La comunicación efectiva, basada en la apertura y la vulnerabilidad, se convierte en un antídoto crucial para las fallas de comunicación inducidas por el pensamiento excesivo. Las parejas pueden beneficiarse de cultivar un espacio en el que se fomente la expresión honesta y se mitigue el miedo a la mala interpretación mediante la escucha activa y la comprensión mutua.

Reconstruir la confianza requiere un esfuerzo consciente para abordar las causas fundamentales del pensamiento excesivo. Los socios pueden trabajar en colaboración para crear un entorno en el que se valore la transparencia y la honestidad, disipando las dudas que puede generar el pensamiento excesivo. Esto implica no solo garantías verbales, sino también acciones consistentes que se alineen con los valores y expectativas compartidos de la relación.

Priorizar el bienestar emocional dentro de la relación implica un enfoque holístico. Ambos miembros de la pareja pueden participar en prácticas de autocuidado que promuevan la salud mental y física, reduciendo el terreno fértil para que se arraigue el pensamiento excesivo. Además, fomentar una atmósfera de apoyo en la que las vulnerabilidades emocionales se enfrenten con empatía en lugar de juicio puede crear una base resistente para el bienestar tanto de las personas como de la relación en su conjunto.

Conocimientos sobre los desencadenantes y patrones comunes asociados con el pensamiento excesivo en el amor

En el intrincado tapiz del amor, el pensamiento excesivo a menudo emerge como un intruso inesperado, proyectando sombras en el lienzo de la conexión. Comprender los desencadenantes y patrones comunes asociados con el pensamiento excesivo en el ámbito del amor es fundamental para desentrañar sus complejidades. A medida que nos adentramos en el intrincado panorama de las relaciones románticas, nos encontramos con una miríada de influencias que pueden encender la espiral de pensamiento excesivo.

Uno de los principales desencadenantes del pensamiento excesivo en el amor tiene sus raíces en experiencias pasadas, particularmente aquellas cargadas de intensidad emocional. Los desamores del pasado, las traiciones o los casos de rechazo pueden dejar huellas indelebles en la psique de un individuo, creando un campo minado psicológico que se activa en el contexto de nuevas relaciones. El miedo a que la historia se repita se convierte en un terreno fértil para pensar demasiado, ya que las personas se encuentran escudriñando a sus parejas actuales en busca de signos percibidos de angustia inminente.

Las expectativas sociales, a menudo internalizadas a través de las normas culturales y las representaciones de los medios de comunicación, constituyen otro potente desencadenante para pensar demasiado en el amor. La presión para ajustarse a nociones idealizadas de romance e hitos de relaciones puede llevar a las personas a evaluar constantemente sus relaciones con respecto a puntos de referencia externos. Las comparaciones con los ideales sociales pueden generar dudas sobre la autenticidad o idoneidad de la propia relación, fomentando un caldo de cultivo para pensar demasiado.

La inseguridad, tanto personal como relacional, es un desencadenante generalizado para pensar demasiado en el amor. La inseguridad sobre la autoestima o el atractivo de uno mismo puede alimentar pensamientos de indignidad, lo que lleva a las personas a preguntarse por qué sus parejas elegirían estar con ellos. La inseguridad relacional, marcada por el miedo al abandono o una sensación de insuficiencia para satisfacer las necesidades de la pareja, puede contribuir de manera similar a pensar demasiado a medida que los individuos lidian con la fragilidad percibida de sus conexiones.

La falta de comunicación o la falta de claridad dentro de una relación sirve como un desencadenante común para pensar demasiado. Cuando las parejas no se expresan abiertamente o cuando los mensajes son ambiguos, las personas pueden llenar los espacios en blanco con sus propias interpretaciones. La incertidumbre resultante se convierte en un terreno fértil para el pensamiento excesivo, ya que la mente intenta construir narrativas para dar sentido a la ambigüedad.

Los patrones de pensamiento excesivo a menudo se manifiestan en ciertos temas recurrentes. El catastrofismo, una distorsión cognitiva en la que las personas visualizan los peores escenarios, es un patrón frecuente asociado con el pensamiento excesivo en el amor. Esto puede implicar imaginar el final de una relación basándose en desacuerdos menores o interpretar acciones benignas como signos de un desastre inminente. El catastrofismo magnifica las incertidumbres, lo que contribuye a aumentar la ansiedad dentro de la relación.

Otro patrón común es la búsqueda incesante de consuelo, en la que los individuos habitualmente buscan la validación externa de sus parejas. Este comportamiento se deriva de la necesidad de aliviar las ansiedades generadas por pensar demasiado, pero puede tensar inadvertidamente la relación al ejercer una presión indebida sobre la pareja para que afirme continuamente su compromiso y amor.

Las personas que piensan demasiado también pueden participar en un ciclo de dudas sobre sí mismas, cuestionando constantemente su propia dignidad de amor. Este patrón puede conducir a una profecía autocumplida, en la que las dudas persistentes socavan la confianza del individuo y contribuyen a comportamientos que tensan la relación.

Comprender estos desencadenantes y patrones es crucial para desarrollar estrategias que mitiguen el impacto de pensar demasiado en el amor. Requiere una mezcla de autoconciencia y comunicación abierta dentro de la relación. Las personas pueden beneficiarse de reconocer sus desencadenantes personales y cultivar la atención plena para interrumpir el ciclo de pensamiento excesivo cuando comienza.

Además, los socios pueden trabajar en colaboración para crear un entorno en el que se fomente la comunicación abierta y se puedan compartir los miedos y las inseguridades sin juzgarlos. Establecer una base de confianza y comprensión mutua ayuda a aliviar los desencadenantes asociados con las experiencias pasadas y las expectativas sociales, fomentando una atmósfera en la que el amor puede prosperar auténticamente.

Las técnicas cognitivo-conductuales, como replantear los pensamientos negativos y desafiar el pensamiento catastrófico, pueden ser fundamentales para romper los patrones de pensamiento excesivo. Desarrollar una perspectiva más equilibrada y realista permite a las personas abordar sus relaciones con mayor claridad y resiliencia.

Capítulo 2: El Enfoque de Mindfulness: Cultivando la Presencia en el Amor

Introducir la atención plena como un enfoque terapéutico para abordar el pensamiento excesivo

En el ámbito de la lucha contra el pensamiento excesivo, la atención plena emerge como un enfoque terapéutico potente y transformador, que ofrece un camino hacia una mayor autoconciencia, regulación emocional y un profundo cambio de perspectiva. A medida que navegamos por el laberinto de pensamientos que a menudo enredan a las personas en la red de pensamiento excesivo, la introducción de la atención plena se convierte no solo en una sugerencia, sino en una luz guía hacia una forma más intencional y satisfactoria de comprometerse con el mundo interior y, por extensión, con las complejidades de las relaciones románticas.

La atención plena, en esencia, es una práctica arraigada en la conciencia del momento presente. Implica cultivar una postura de aceptación y sin prejuicios hacia los propios pensamientos y emociones. La esencia de la atención plena radica en estar completamente presente, abrazando cada momento con un sentido de curiosidad y apertura. En el contexto del pensamiento excesivo, la atención plena actúa como una fuerza contraria, interrumpiendo los patrones habituales de rumiación y proporcionando a los individuos las herramientas para alejarse de la incesante charla mental.

Uno de los principios fundamentales de la atención plena está anclado en la respiración. A medida que las personas aprenden a anclar su atención al flujo rítmico de la respiración, crean una base estable en el momento presente. Este efecto de anclaje se vuelve particularmente relevante en el contexto del pensamiento excesivo, donde la mente tiende a vagar hacia el pasado o proyectarse hacia un futuro incierto. Al volver a la respiración, los individuos se enraízan en el ahora, rompiendo el ciclo de pensar demasiado y fomentando una mayor conciencia del presente.

La atención plena fomenta una observación suave de los pensamientos y las emociones sin apego ni aversión. En lugar de ser arrastrados por la corriente del pensamiento excesivo, los individuos aprenden a observar sus pensamientos a medida que surgen, reconociéndolos sin ser definidos por ellos. Esta conciencia desapegada permite una evaluación más objetiva de los pensamientos, reduciendo la carga emocional que a menudo acompaña al pensamiento excesivo.

La práctica de la atención plena también se extiende al cuerpo, llevando la atención a las sensaciones físicas y a la experiencia sentida de las emociones. A menudo, el pensamiento excesivo va acompañado de manifestaciones fisiológicas como tensión, inquietud o sensación de inquietud. El mindfulness invita a las personas a explorar estas sensaciones con curiosidad, lo que permite una comprensión más profunda de la conexión mente-cuerpo. Al estar en sintonía con las sensaciones corporales, las personas obtienen información valiosa sobre los desencadenantes y patrones asociados con sus tendencias a pensar demasiado.

Además, el mindfulness enfatiza el concepto de aceptación, alentando a las personas a abrazar sus experiencias sin juzgarlas. En el contexto del pensamiento excesivo, esto implica reconocer que los pensamientos son transitorios y no necesariamente reflejan la realidad. A través de la lente de la atención plena, los pensamientos son vistos como nubes pasajeras en el cielo de la conciencia, efímeras y siempre cambiantes. Este cambio de perspectiva fomenta un sentido de autocompasión, lo que permite a las personas navegar por el terreno del pensamiento excesivo con mayor amabilidad hacia sí mismas.

La aplicación de la atención plena para abordar el pensamiento excesivo dentro de las relaciones románticas implica prácticas individuales y colaborativas. Individualmente, la atención plena proporciona un conjunto de herramientas para que las personas manejen sus propias tendencias a pensar demasiado. Las parejas también pueden integrar las prácticas de mindfulness en sus experiencias compartidas, fomentando un viaje colectivo hacia una conexión más consciente y armoniosa.

La comunicación consciente se convierte en una piedra angular en la aplicación relacional de la atención plena. Al aportar una conciencia sin prejuicios y del momento presente a las conversaciones, las parejas crean un espacio en el que cada miembro de la pareja se siente escuchado y comprendido. La escucha consciente implica prestar toda la atención sin formular inmediatamente una respuesta, lo que permite un intercambio más auténtico de pensamientos y emociones.

La atención plena en las relaciones también implica cultivar la gratitud y el aprecio por el momento presente. Las parejas pueden participar en prácticas compartidas de atención plena, como la meditación o las caminatas conscientes, para mejorar su conexión y crear una reserva de experiencias positivas que sirvan como contrapeso a los desafíos que plantea pensar demasiado.

Los beneficios terapéuticos de la atención plena se extienden más allá del alivio inmediato del pensamiento excesivo. Las investigaciones indican que la práctica regular de la atención plena contribuye a los cambios en el cerebro asociados con una mejor regulación emocional, una mayor empatía y un mayor bienestar general. A medida que las personas y las parejas adoptan la atención plena como una forma de ser, no solo abordan los síntomas de pensar demasiado, sino que también se embarcan en un viaje transformador hacia una relación más resistente y floreciente.

Principios de estar presente en el momento y conciencia sin prejuicios

En el tapiz acelerado y en constante evolución de la vida moderna, los principios de estar presente en el momento y cultivar la conciencia sin prejuicios se erigen como faros de atención plena, guías profundas para navegar por las complejidades de la experiencia humana. A medida que nos embarcamos en una exploración de estos principios, descubrimos el poder transformador que tienen para remodelar nuestra relación con el tiempo, los pensamientos y el rico tapiz de emociones que colorean nuestras vidas.

Estar presente en el momento, un principio fundamental de la atención plena, invita a las personas a anclar su conciencia en la porción de tiempo actual, desenredándose de la red de arrepentimientos pasados o ansiedades futuras. Es una elección intencional habitar el ahora, reconociendo que el momento presente es el único momento que realmente existe. En el contexto del pensamiento excesivo, que a menudo se nutre de la revisión de escenarios pasados o la predicción de futuros potenciales, la práctica de estar presente se convierte en un poderoso antídoto.

La esencia de estar presente radica en cultivar una mayor conciencia de lo que nos rodea, las sensaciones y los pensamientos. Implica abrazar la riqueza de cada momento con un sentido de curiosidad y apertura, como un viajero que se sumerge en las vistas y sonidos únicos de un paisaje desconocido. Al sintonizar la atención con el presente, los individuos crean un refugio del torbellino mental del pensamiento excesivo, fomentando un estado de ser más arraigado y centrado.

La conciencia sin prejuicios, la segunda piedra angular de la atención plena, complementa la práctica de estar presente al alentar a las personas a observar sus pensamientos y emociones sin adjuntar etiquetas de "bueno" o "malo". Es un cambio de la tendencia habitual a evaluar las experiencias a través de la lente del juicio, lo que permite una postura más imparcial y tolerante hacia el flujo y reflujo de la mente.

En el contexto del pensamiento excesivo, que a menudo implica una cascada de pensamientos autocríticos o críticos, la conciencia sin prejuicios se convierte en una herramienta transformadora. Implica reconocer que los pensamientos son fugaces y no definen la propia identidad. En lugar de estar enredados en una red de auto-culpabilidad o condena, los individuos pueden observar sus pensamientos con un desapego compasivo, reconociéndolos como fenómenos pasajeros en la corriente de la conciencia.

La práctica de la conciencia sin prejuicios se extiende más allá de los pensamientos para abarcar emociones y sensaciones. Abrazar las emociones sin juzgarlas implica reconocerlas sin categorizarlas inmediatamente como positivas o negativas. Este enfoque matizado permite a las personas explorar todo el espectro de su paisaje emocional, reconociendo que cada emoción tiene su propia sabiduría y significado únicos.

Practicar la conciencia sin prejuicios también implica llamar la atención sobre las sensaciones físicas sin asignarles juicios de valor. Ya sea que experimenten tensión, relajación, calidez o frialdad, las personas pueden observar estas sensaciones con una suave curiosidad, reconociéndolas como parte del tapiz siempre cambiante del momento presente. Esta atención consciente al cuerpo sirve como un ancla, enraizando a las personas en la inmediatez de su experiencia física.

Los principios de estar presente en el momento y la conciencia sin prejuicios son hilos entrelazados que crean el tejido de la atención plena. Trabajan juntos de forma sinérgica, amplificando el impacto transformador en el bienestar individual y la calidad de las relaciones interpersonales.

La aplicación de estos principios se extiende más allá de las sesiones formales de meditación en el tejido de la vida diaria. Los momentos de atención plena se pueden integrar en actividades rutinarias, como saborear los sabores de una comida, apreciar el calor de la luz del sol o participar plenamente en una conversación sin distracciones mentales. Al infundir estos principios en el tapiz de la existencia diaria, las personas fomentan una forma de vida más vibrante y consciente.

En las relaciones, estar presente en el momento se convierte en un regalo, uno que comunica atención, validación y una conexión genuina con una pareja. El arte de la conciencia sin prejuicios en las relaciones implica abordar las interacciones con un corazón abierto, libre de nociones preconcebidas o de la carga de juicios pasados. Esto crea un espacio en el que las parejas pueden expresarse auténticamente sin temor a la condena, fomentando una conexión más profunda e íntima.

Además, estos principios ofrecen una invitación rotunda a liberarse de los grilletes del pensamiento excesivo dentro de las relaciones. El acto de estar plenamente presente desmantela el hábito de proyectarse en un futuro incierto o de habitar en las sombras de los agravios pasados. La conciencia sin prejuicios interrumpe el ciclo de pensamientos autocríticos y fomenta una perspectiva más compasiva y comprensiva, tanto hacia uno mismo como hacia la pareja.

Ejercicios y técnicas de mindfulness para cultivar la presencia en las relaciones románticas

Cultivar la atención plena dentro de las relaciones románticas es un viaje transformador que implica prácticas intencionales para fomentar la presencia, profundizar la conexión y navegar por la intrincada danza del amor con mayor conciencia. Al incorporar ejercicios y técnicas de atención plena en el tejido de las interacciones diarias, las parejas pueden crear un espacio compartido que nutra la autenticidad, la comprensión y una profunda sensación de estar presente en cada momento.

1. **Conciencia de la respiración en momentos compartidos**: *Ejercicio:* Comience por encontrar un momento de tranquilidad juntos. Siéntate cómodamente, cierra los ojos y concéntrate en tu respiración. Observa la inhalación y la exhalación, permitiendo que tu respiración te ancle al momento presente. A medida que respiran, tomen conciencia de las sensaciones de estar juntos. Fíjate en el espacio compartido, la calidez y la conexión entre los dos.

Intención: Este ejercicio no solo te conecta con el momento presente, sino que también mejora el sentido de unión. Compartir la experiencia de la respiración crea una conexión sutil pero profunda, fomentando una comprensión más profunda de la presencia del otro.

2. **Escucha consciente:** *Ejercicio:* Reserva tiempo dedicado a la comunicación abierta. Una persona habla mientras la otra escucha sin interrupciones ni juicios. Después, el oyente reflexiona sobre lo que escuchó, asegurando un entendimiento mutuo.

Intención: La escucha consciente fomenta un enfoque en el momento presente en las palabras de tu pareja. Fomenta una conexión más profunda al crear un espacio donde cada persona se siente verdaderamente escuchada y comprendida, fomentando la confianza y la intimidad.

3. **Llevar un diario de gratitud juntos***:*
   Ejercicio: Reserve unos minutos cada día para escribir las cosas que aprecian el uno del otro. Comparta sus entradas y discútalas juntos. Concéntrate en momentos o cualidades específicas que mejoren tu conexión.

Intención: Llevar un diario de gratitud cambia el enfoque a los aspectos positivos de la relación, fomentando un sentido de aprecio. Este ejercicio promueve la atención plena al redirigir la atención lejos de los posibles factores estresantes o el pensamiento excesivo y hacia la riqueza de las experiencias compartidas.

4. **Ejercicio de conciencia sensorial:**
   Ejercicio: Elija una actividad simple, como preparar una comida o dar un paseo. Involucra todos tus sentidos: observa los colores, las texturas, los aromas y los sonidos. Compartan sus observaciones entre sí, profundizando su

conexión a través de la conciencia sensorial.

Intención: Este ejercicio fomenta la atención plena al llamar la atención sobre los aspectos sensoriales de las experiencias compartidas. Al involucrarse juntos en el momento presente, las parejas crean un tapiz compartido de riqueza sensorial, mejorando su conexión.

5. **Meditación de bondad amorosa para los demás:** *Ejercicio:* Siéntense juntos cómodamente y cierren los ojos. Comiencen con unos minutos de silencio compartido, luego concéntrense en enviarse bondad amorosa unos a otros. Repite en silencio frases como "Que seas feliz, que estés sano, que estés a salvo, que estés tranquilo".

Intención: La meditación de bondad amorosa profundiza el sentido de conexión al fomentar sentimientos de calidez y buena voluntad. Esta práctica fomenta un cambio de pensar demasiado a una conciencia centrada en el corazón, mejorando el vínculo emocional entre los miembros de la pareja.

6. **Tiempo de calidad libre de tecnología: Ejercicio:** Designe momentos específicos en los que se comprometa a estar libre de tecnología. Participen en actividades

juntos sin la distracción de los teléfonos o las pantallas, lo que permite una atención indivisa entre sí.

Intención: Desconectarse de la tecnología fomenta la presencia al eliminar las distracciones externas. Crea un espacio para una interacción genuina y sin distracciones, promoviendo una comprensión más profunda de los demás.

7. **Ejercicio de escaneo corporal:**
   Ejercicio: Acuéstense cómodamente juntos y tomen turnos para guiar una meditación de escaneo corporal. Toma conciencia de cada parte del cuerpo, comenzando desde los dedos de los pies y subiendo hasta la cabeza. Observa cualquier tensión y libérala conscientemente.

Intención: El ejercicio de escaneo corporal promueve una mayor conciencia de las sensaciones físicas, promoviendo la relajación y la conexión. Al compartir esta práctica, las parejas profundizan su comprensión del bienestar físico y emocional del otro.

8. **Actividades conscientes compartidas:**
   Ejercicio: Participe en actividades que inviten naturalmente a la atención plena, como la jardinería, la cocina o el arte.

Presta mucha atención a cada paso de la actividad, saboreando juntos el proceso.

Intención: Las actividades conscientes compartidas brindan una oportunidad para la presencia conjunta y la creatividad. Concentrarse en la actividad en cuestión permite a las parejas liberarse del desorden mental de pensar demasiado y comprometerse entre sí de una manera más profunda.

La incorporación de estos ejercicios de atención plena en el ritmo de la vida diaria puede transformar profundamente la calidad de las relaciones románticas. Ofrecen herramientas prácticas para mantenerse presente, profundizar la conexión y fomentar un viaje compartido de crecimiento y comprensión. A medida que las parejas se embarcan juntas en esta exploración consciente, sientan las bases para una relación que florece en la riqueza de cada momento, libre de los enredos del pensamiento excesivo y basada en la autenticidad de la presencia compartida.

Capítulo 3: Ruptura de la comunicación: superación de interpretaciones erróneas

Cómo pensar demasiado puede llevar a interpretaciones erróneas y fallas en la comunicación

En la intrincada danza de la interacción humana, el pensamiento excesivo puede emerger como un disruptor silencioso, proyectando sombras sobre la claridad de la comunicación y allanando el camino para interpretaciones erróneas y fallas en la comprensión. Para comprender el impacto del pensamiento excesivo en la comunicación, debemos embarcarnos en una exploración de cómo el parloteo mental incesante puede distorsionar los mensajes, crear suposiciones y, en última instancia, obstaculizar el intercambio fluido de pensamientos y emociones dentro de las relaciones.

El pensamiento excesivo, con su ciclo incesante de rumiación y análisis, puede dar lugar a interpretaciones erróneas al introducir un filtro de subjetividad a través del cual los individuos perciben la comunicación. A medida que los pensamientos se convierten en complejas redes de duda e incertidumbre, la intención original detrás de un mensaje puede oscurecerse. Una declaración o acción aparentemente inocua puede ser sobreanalizada, lo que lleva a interpretaciones que se alinean más con la narrativa interna del pensador excesivo que con la intención real del remitente.

Además, pensar demasiado a menudo implica una mayor sensibilidad a las señales o matices percibidos en la comunicación. Las microexpresiones, los cambios sutiles en el tono o incluso la elección de las palabras pueden adquirir un significado exagerado en la mente de un pensador excesivo. Esta hipersensibilidad puede llevar a la magnificación de detalles menores, distorsionando el significado deseado y allanando el camino para interpretaciones erróneas que pueden desviarse de la verdadera esencia del mensaje.

La tendencia a crear narrativas en ausencia de información clara es un sello distintivo del pensamiento excesivo. Cuando se enfrentan a la ambigüedad o a las lagunas en la comunicación, los pensadores excesivos pueden llenar los espacios en blanco con sus propias suposiciones y proyecciones. Estas narrativas autogeneradas pueden desviarse significativamente de la realidad, lo que lleva a una comprensión sesgada del mensaje y puede provocar ansiedad o conflictos innecesarios.

Las fallas de comunicación, arraigadas en el suelo del pensamiento excesivo, a menudo se manifiestan en forma de suposiciones y expectativas tácitas. A medida que los pensadores excesivos lidian con su diálogo interno, pueden proyectar sus miedos, inseguridades o nociones preconcebidas en la comunicación con su pareja. Esta proyección crea una desconexión entre lo que se dice y lo que se percibe, preparando el escenario para malentendidos que pueden tensar el tejido de una relación.

La mente del pensador excesivo, enredada en una red de análisis constante, también puede tener dificultades para comprometerse plenamente con el momento presente. La escucha activa, piedra angular de la comunicación efectiva, se convierte en una víctima a medida que la mente se preocupa por el diálogo interno y la interpretación. Esta falta de atención puede dar lugar a que se pasen por alto o se malinterpreten detalles importantes, lo que contribuye a una ruptura en el intercambio de información y significado.

Además, el impacto del pensamiento excesivo en la comunicación no se limita solo a la interpretación de las palabras habladas. Las señales no verbales, que juegan un papel crucial en la transmisión de emociones e intenciones, pueden malinterpretarse cuando se ven a través de la lente del pensamiento excesivo. Un simple gesto o expresión facial puede estar sujeto a capas de interpretación, lo que lleva a malentendidos que se derivan del paisaje interno del pensador en lugar de la realidad del momento.

La naturaleza insidiosa del pensamiento excesivo es que puede crear un ciclo que se perpetúa a sí mismo. A medida que se producen interpretaciones erróneas y rupturas de comunicación, alimentan la creencia de la persona que piensa demasiado de que sus miedos y ansiedades están justificados. Este refuerzo puede profundizar el hábito de pensar demasiado, exacerbando los desafíos en la comunicación y erosionando potencialmente la base de la confianza dentro de la relación.

Abordar el impacto del pensamiento excesivo en la comunicación requiere un enfoque multifacético. En primer lugar, cultivar la autoconciencia es esencial. Las personas necesitan reconocer los patrones de pensamiento excesivo, incluidos los desencadenantes que impulsan su análisis interno. Esta conciencia forma la base para romper la automaticidad de pensar demasiado y crear un espacio para una comunicación más intencional y presente.

Las estrategias de comunicación activa también juegan un papel crucial para mitigar los efectos del pensamiento excesivo. Los socios pueden establecer un diálogo abierto y honesto sobre sus estilos de comunicación, preferencias y posibles dificultades. Esto incluye expresar la necesidad de claridad, tranquilidad y la creación de un espacio seguro donde se puedan abordar las preocupaciones sin juzgar.

Las prácticas de atención plena, como estar presente en el momento y cultivar la conciencia sin prejuicios, ofrecen herramientas valiosas para contrarrestar el pensamiento excesivo. Al redirigir conscientemente la atención al contexto inmediato de la conversación, las personas pueden minimizar la intrusión del pensamiento excesivo y fomentar un intercambio más directo y auténtico de pensamientos y emociones.

Además, establecer expectativas claras y practicar la escucha activa pueden servir como antídotos contra las rupturas de comunicación inducidas por el pensamiento excesivo. Clarificar las intenciones, expresar los sentimientos abiertamente y buscar confirmación en caso de duda contribuyen a una comprensión compartida que trasciende las distorsiones introducidas por el pensamiento excesivo.

El papel de la comunicación consciente en la resolución de malentendidos

En el intrincado panorama de la conexión humana, los malentendidos son una parte inevitable del viaje. Sin embargo, la forma en que navegamos y resolvemos estos momentos de falta de comunicación puede afectar profundamente la salud y la resiliencia de nuestras relaciones. La comunicación consciente emerge como una luz guía en este proceso, ofreciendo un camino hacia la comprensión, la empatía y la resolución constructiva cuando surgen malentendidos.

En el corazón de la comunicación consciente se encuentra el compromiso de estar plenamente presente en la interacción. Esta presencia implica una conciencia del momento actual, libre de las distracciones de los agravios pasados o de las ansiedades futuras. Cuando se enfrenta a un malentendido, abordar la conversación con presencia consciente crea un espacio en el que ambas partes pueden entablar un diálogo más intencional y centrado.

La comunicación consciente también enfatiza la escucha activa, una habilidad que tiene el poder de transformar la dinámica de una conversación. En lugar de limitarse a escuchar palabras, la escucha activa implica un compromiso profundo y empático con el mensaje del hablante. Los oyentes atentos se esfuerzan por comprender no solo el contenido de las palabras, sino también las emociones, las intenciones y los matices tácitos detrás de ellas. Esta escucha empática sienta las bases para una interpretación más precisa y compasiva del mensaje.

En el contexto de los malentendidos, el papel de la comunicación consciente se vuelve particularmente crucial. En lugar de reaccionar impulsivamente o a la defensiva, las personas que participan en una comunicación consciente hacen una pausa para reflexionar sobre sus propios pensamientos y emociones. Esta postura reflexiva permite una respuesta más mesurada, lo que reduce la probabilidad de aumentar la tensión o exacerbar el malentendido.

La comunicación consciente invita a las personas a sintonizarse con su propio paisaje emocional y a expresarse de forma auténtica. Esto implica un examen cuidadoso de los sentimientos, necesidades y preocupaciones de uno antes de articularlos a una pareja. Al articular las emociones con claridad y vulnerabilidad, los individuos contribuyen a una comprensión compartida, creando un entorno en el que los malentendidos pueden desentrañarse con mayor facilidad.

Además, la comunicación consciente anima a las personas a abordar los malentendidos con curiosidad en lugar de juzgar. La inclinación a juzgar, alimentada por suposiciones y nociones preconcebidas, puede obstaculizar el proceso de resolución. En cambio, una mentalidad curiosa invita a preguntas abiertas, a la voluntad de explorar diferentes perspectivas y a un interés genuino por comprender las complejidades de la experiencia de la otra persona.

La comunicación consciente también pone el foco en las señales no verbales y el lenguaje corporal. Estas expresiones sutiles a menudo transmiten emociones que las palabras por sí solas no pueden capturar. Estar en sintonía con estas señales no verbales mejora la profundidad de la comprensión y permite a las personas percibir los matices emocionales que de otro modo podrían pasarse por alto.

En la resolución de malentendidos, la práctica de "registrarse" se convierte en una herramienta valiosa dentro de la comunicación consciente. Esto implica pausar periódicamente la conversación para confirmar que ambas partes están en la misma página. Aclarar y resumir los puntos clave de la discusión ayuda a garantizar que el mensaje deseado se haya recibido con precisión, lo que reduce la posibilidad de confusión continua.

Además, la incorporación de técnicas de atención plena, como la respiración profunda o breves momentos de silencio, durante una conversación puede servir como herramientas efectivas para la desescalada. Estas técnicas crean una pausa que permite a las personas ordenar sus pensamientos, regular sus emociones y abordar la discusión con una actitud más tranquila y centrada.

El papel de la comunicación consciente se extiende más allá de la resolución de malentendidos inmediatos: sienta las bases para fomentar una cultura de diálogo abierto dentro de las relaciones. Las parejas que adoptan la comunicación consciente como una práctica constante crean un entorno en el que los malentendidos continuos se enfrentan con paciencia, empatía y un compromiso compartido con la comprensión mutua.

Además, la integración de la atención plena en las interacciones diarias puede abordar de forma preventiva las posibles fuentes de malentendidos. Al fomentar una atmósfera de apertura y atención, las personas se vuelven más en sintonía con las necesidades y matices de sus parejas, lo que reduce la probabilidad de interpretaciones erróneas antes de que se intensifiquen.

Estrategias prácticas para expresar pensamientos y emociones con claridad y empatía

Expresar pensamientos y emociones de manera efectiva es un arte que se encuentra en el corazón de la comunicación significativa. Cuando se hace con claridad y empatía, fomenta la comprensión, la conexión y nutre el tejido de las relaciones. Aquí hay estrategias prácticas para mejorar su capacidad de expresarse de manera auténtica, asegurando que sus pensamientos y emociones se comuniquen de una manera que invite a la comprensión y la empatía.

1. Cultiva la autoconciencia: *Estrategia:* Antes de expresar tus pensamientos y emociones, tómate un momento para la autorreflexión. Comprende los matices de tus propios sentimientos, las razones subyacentes detrás de ellos y cómo se relacionan con la situación. Esta autoconciencia proporciona una base sólida para una comunicación clara y auténtica.

2. Estrategia: Enmarca tus expresiones usando declaraciones en primera persona para transmitir tus sentimientos y pensamientos sin culpar. Por ejemplo, diga: "Me siento..." en lugar de "Tú siempre..." Este enfoque fomenta un

entorno no conflictivo y fomenta un diálogo más abierto.

3. Sé específico y concreto: *Estrategia:* Articula claramente los detalles de tus pensamientos y emociones. Evite las declaraciones vagas o generalizadas. Proporcione ejemplos concretos o describa el comportamiento o la situación específica que está influyendo en sus sentimientos. Esta precisión ofrece a su oyente una comprensión más clara de su perspectiva.

4. Escucha activa: *Estrategia:* Fomentar un intercambio recíproco practicando la escucha activa. Cree un espacio para que los demás se expresen y respondan con interés y atención genuinos. Esto no solo establece una conversación respetuosa, sino que también prepara el escenario para la empatía recíproca.

5. El tiempo importa: *Estrategia: Elija un* momento y un entorno apropiados para su expresión. Evite abordar temas delicados cuando las emociones estén exacerbadas o en medio de otras distracciones. Opta por un momento de calma en el que ambas partes puedan entablar la conversación con atención concentrada.

6. Expresa emociones, no solo pensamientos: *Estrategia:* Reconoce y expresa tus emociones junto con tus pensamientos. Las emociones son una parte natural y válida de la comunicación. Articular cómo te sientes proporciona una visión holística de tu experiencia y fomenta la empatía de tu oyente.

7. Usa señales no verbales: Estrategia: *Complementa tus palabras con señales no verbales* como expresiones faciales y lenguaje corporal. Estas señales sutiles pueden mejorar la resonancia emocional de su mensaje, proporcionando un contexto adicional a sus pensamientos y sentimientos.

8. Evite las suposiciones: Estrategia: *Evite* hacer suposiciones sobre lo que la otra persona sabe o entiende. Articule claramente el contexto y la información de fondo para evitar malentendidos. Fomente las preguntas y busque aclaraciones para garantizar el entendimiento mutuo.

9. Esté abierto a los comentarios: *Estrategia:* Cree un ambiente en el que los comentarios sean bienvenidos. Expresa tu disposición a escuchar los pensamientos y sentimientos de la otra persona a cambio.

Esta reciprocidad fomenta un sentido de respeto mutuo y contribuye a una conversación más equilibrada y constructiva.

10. Enmarque las críticas de manera constructiva: *Estrategia:* Si expresa críticas, enmárquelas de manera constructiva. Concéntrese en comportamientos específicos en lugar de hacer juicios globales sobre la persona. Ofrezca sugerencias para mejorar y enfatice el deseo de resolución colaborativa de problemas.

11. Tono y entrega conscientes: *Estrategia:* Presta atención a tu tono y entrega. Un enfoque consciente implica hablar con intención y evitar un tono de confrontación o acusatorio. Una entrega tranquila y mesurada mejora la receptividad de su mensaje.

12. Buscar un terreno común: *Estrategia:* Enfatizar los objetivos compartidos o los puntos en común para resaltar las áreas de acuerdo. Esto ayuda a crear una atmósfera de colaboración, fomentando un sentido de unidad incluso en medio de diferentes perspectivas.

13. Practica la comunicación empática:
    Estrategia: Ponte en el lugar de la otra
    persona. Ten en cuenta su perspectiva,
    sus sentimientos y sus experiencias.
    Reconoce sus emociones y demuestra
    empatía demostrando que entiendes y
    respetas su punto de vista.

14. Utiliza un lenguaje claro: *Estrategia: Elige*
    tus palabras con cuidado, optando por un
    lenguaje claro y directo. Evite la jerga o
    las expresiones demasiado complejas. La
    claridad en el lenguaje garantiza que su
    mensaje se entienda fácilmente, lo que
    reduce las posibilidades de
    malinterpretación.

15. Ofrezca soluciones o próximos pasos:
    Estrategia: Si es relevante, sugiera
    posibles soluciones o proponga pasos
    prácticos. Este enfoque proactivo
    demuestra su compromiso de abordar las
    preocupaciones de manera colaborativa,
    fomentando un sentido de
    empoderamiento y resolución.

Al incorporar estas estrategias prácticas en tu kit
de herramientas de comunicación, te empoderas
para expresar tus pensamientos y emociones con
claridad y empatía. Construir una base de
comunicación efectiva no solo mejora la calidad
de sus relaciones, sino que también contribuye a

una cultura de comprensión, respeto mutuo y crecimiento compartido. A medida que navegas por el intrincado terreno de la conexión humana, estas estrategias sirven como principios rectores, facilitando una comunicación auténtica y empática que fortalece los lazos que compartes con los demás.

Capítulo 4: Confianza e inseguridad: Cultivando la confianza en el amor

La conexión entre pensar demasiado, los problemas de confianza y la inseguridad en las relaciones

Navegar por el complejo terreno de las relaciones románticas requiere un delicado equilibrio entre confianza, seguridad y comunicación abierta. Sin embargo, la intrincada danza entre estos elementos puede verse interrumpida por la presencia generalizada de pensamiento excesivo, lo que da lugar a problemas de confianza e inseguridad. Para comprender la conexión entre el pensamiento excesivo, los problemas de confianza y la inseguridad en las relaciones, debemos profundizar en las formas en que la mente hiperactiva puede arrojar sombras sobre los cimientos de la conexión.

El pensamiento excesivo, caracterizado por un enfoque persistente y repetitivo en los pensamientos, a menudo encuentra un terreno fértil en el ámbito de las relaciones. Cuando no se controla, puede sembrar semillas de duda e incertidumbre, lo que lleva a las personas a escudriñar todos los aspectos de las palabras y acciones de su pareja. Este proceso hiperanalítico puede dar lugar a escenarios imaginarios, sospechas infundadas y una mayor conciencia de las posibles amenazas a la relación.

La confianza, una piedra angular de las relaciones saludables, está intrincadamente conectada con la capacidad de soltar el control y aceptar la vulnerabilidad. Sin embargo, pensar demasiado tiende a fomentar la necesidad de control y certeza. Cuando la mente está consumida por un análisis constante de los riesgos e incertidumbres potenciales, la confianza puede erosionarse a medida que las personas luchan por reconciliar las amenazas percibidas conjuradas por sus pensamientos con la realidad de la relación.

La inseguridad a menudo va de la mano con el pensamiento excesivo, creando un caldo de cultivo para la desconfianza. La mente del pensador excesivo, cargada de dudas y miedo, puede proyectar estas inseguridades en la relación. Ya sea que esté arraigada en experiencias pasadas o en creencias internalizadas sobre la autoestima, la inseguridad se convierte en una lente a través de la cual el pensador excesivo ve la dinámica de la relación, amplificando el potencial de malinterpretación y sospecha.

El pensamiento excesivo puede manifestarse de varias maneras que contribuyen a la erosión de la confianza. El catastrofismo, una distorsión cognitiva en la que los individuos visualizan los peores escenarios, se convierte en un patrón común. Los desacuerdos menores o las situaciones ambiguas pueden ser exageradas, lo que lleva a una percepción exagerada de los riesgos y desafíos dentro de la relación.

La búsqueda constante de consuelo es otra manifestación de pensamiento excesivo que puede tensar la confianza. El pensador excesivo, impulsado por la necesidad de certeza y validación, puede buscar habitualmente la tranquilidad de su pareja. Si bien la tranquilidad es una parte natural de las relaciones, una necesidad excesiva de ella puede transmitir inadvertidamente una falta de confianza y contribuir a una sensación de asfixia dentro de la relación.

Además, pensar demasiado a menudo conduce a un ciclo de dudas. Las personas plagadas de tendencias demasiado pensadoras pueden cuestionar su propia valía de amor y afirmación. Esta duda sobre sí mismo puede manifestarse en comportamientos que socavan inadvertidamente la base de la confianza, ya que el pensador excesivo lidia con la fragilidad percibida de su conexión.

El ciclo entre pensar demasiado, los problemas de confianza y la inseguridad se vuelve particularmente desafiante cuando no se aborda. La confianza es un elemento dinámico que requiere una sensación de seguridad y estabilidad para florecer. El pensamiento excesivo, con su propensión a crear un paisaje mental turbulento, interrumpe esta base, dejando la relación vulnerable a fracturas y malentendidos.

La comunicación abierta es un antídoto crucial contra los efectos corrosivos de pensar demasiado en la confianza y la inseguridad. Los socios deben crear un espacio seguro para el diálogo en el que se puedan compartir los temores y las preocupaciones sin juzgarlos. Al discutir abiertamente el impacto de pensar demasiado en sus pensamientos y emociones, las personas pueden fomentar la comprensión y trabajar en colaboración para fortalecer los cimientos de la confianza.

Generar confianza frente a la reflexión excesiva también requiere un compromiso con la transparencia. Los socios pueden trabajar juntos para establecer expectativas y límites claros. Al comunicar abiertamente las intenciones y abordar los posibles desencadenantes de pensar demasiado, crean una hoja de ruta para navegar por los desafíos e incertidumbres dentro de la relación.

Las prácticas de mindfulness desempeñan un papel fundamental para romper el ciclo de pensar demasiado y reconstruir la confianza. La atención plena anima a las personas a observar sus pensamientos sin apego, lo que permite una perspectiva más equilibrada y realista. Al cultivar la atención plena, las personas pueden interrumpir los patrones de pensamiento excesivo que contribuyen a los problemas de confianza e inseguridad.

Además, el desarrollo de la autoconciencia es primordial para abordar las causas fundamentales del pensamiento excesivo. Las personas deben explorar las fuentes de sus inseguridades y trabajar para construir una imagen más positiva de sí mismas. Este proceso de autodescubrimiento sienta las bases para una relación más segura y de confianza con uno mismo y, por extensión, con la pareja.

Las intervenciones terapéuticas, como la terapia de pareja o la terapia individual, pueden proporcionar herramientas valiosas para abordar el pensamiento excesivo, los problemas de confianza y la inseguridad. Un terapeuta capacitado puede guiar a individuos y parejas en el desarrollo de mecanismos de afrontamiento, mejorando las habilidades de comunicación y fomentando una comprensión más profunda de la dinámica en juego dentro de la relación.

Prácticas de mindfulness para generar confianza y seguridad en uno mismo y en la pareja

Embarcarse en un viaje para generar confianza en uno mismo y en la pareja es una tarea profunda que requiere intención, autoconciencia y el compromiso de fomentar una conexión más profunda. Las prácticas de mindfulness ofrecen un camino transformador hacia el logro de estos objetivos, creando un espacio para el autodescubrimiento, la comunicación abierta y el cultivo de un vínculo resiliente basado en la confianza. Exploremos las prácticas de mindfulness que contribuyen a generar confianza y seguridad tanto dentro de uno mismo como dentro de la dinámica de una relación.

1. Autorreflexión y conciencia: La atención plena comienza con la autorreflexión y la autoconciencia. Las personas pueden participar en prácticas como la meditación o escribir un diario para explorar sus pensamientos, emociones y creencias subyacentes. Esta autoconciencia sienta las bases para generar confianza en uno mismo al fomentar una comprensión más profunda de los valores personales, las fortalezas y las áreas de crecimiento.

2. Abrazar el momento presente: La atención plena enfatiza estar completamente presente en el momento actual. Cultivar esta conciencia del momento presente permite a las personas dejar de lado los remordimientos pasados y las ansiedades futuras que pueden contribuir a dudar de sí mismos. Al abrazar el presente, las personas pueden generar confianza en su capacidad para sortear los desafíos del momento con claridad y resiliencia.

3. Autoaceptación sin prejuicios: La atención plena fomenta la conciencia sin prejuicios de los pensamientos y sentimientos. Esta práctica es transformadora para fomentar la autoaceptación, es decir, reconocerse y aceptarse a uno mismo sin juzgarlo con dureza. Al dejar de lado los pensamientos autocríticos, las personas construyen confianza en su propio valor inherente y cultivan una relación más compasiva consigo mismas.

4. Respiración consciente para la regulación emocional: Los ejercicios de respiración consciente son herramientas poderosas para la regulación emocional. En momentos de estrés o dudas, las personas pueden recurrir a la respiración consciente para centrarse. Esta práctica promueve una sensación de calma y seguridad en sí mismo, lo que contribuye a una base de confianza en la capacidad de uno para navegar por paisajes emocionales.

5. Clarificar los límites personales: La atención plena implica una exploración de los límites personales y una conciencia de las propias necesidades. Definir y comunicar claramente los límites personales genera confianza al afirmar las propias necesidades y crear una sensación de seguridad. En una relación, comprender y respetar los límites del otro contribuye a una asociación segura y de confianza.

6. Cultivar la gratitud: Las prácticas de atención plena suelen incluir ejercicios de gratitud. Cultivar la gratitud cambia el enfoque de las deficiencias percibidas a una apreciación de las fortalezas y los aspectos positivos de la vida. Esta práctica fomenta un sentido de abundancia y autoestima, mejorando la confianza en la capacidad de uno para superar los desafíos.

7. Comunicación abierta con presencia: La comunicación consciente implica estar completamente presente en las conversaciones. Al expresarse o escuchar a una pareja, mantener la conciencia plena fomenta una comunicación clara y auténtica. Esta apertura contribuye a generar confianza dentro de la relación al crear un espacio donde los pensamientos y sentimientos se pueden expresar sin temor a ser juzgados.

8. Prácticas compartidas de atención plena: Participar en prácticas de atención plena en pareja fortalece el vínculo entre los miembros de la pareja. Ya sea a través de sesiones de meditación conjuntas o actividades conscientes, las prácticas compartidas crean un sentido de unidad y conexión. Generar confianza dentro de la relación se convierte en un esfuerzo de colaboración, mejorando la confianza que cada miembro de la pareja tiene en el otro.

9. Resolución consciente de conflictos: La atención plena transforma el enfoque de la resolución de conflictos. En lugar de reaccionar impulsivamente, las personas pueden abordar los desacuerdos con una mentalidad tranquila y centrada. Este enfoque consciente del conflicto genera confianza dentro de la relación al crear un espacio seguro para expresar opiniones diferentes y trabajar en colaboración hacia la resolución.

10. Escucha compasiva: La atención plena implica cultivar habilidades de escucha profunda. Al practicar la escucha compasiva, las personas transmiten un interés genuino en comprender la perspectiva de su pareja. Esto fomenta la confianza dentro de la relación, ya que cada miembro de la pareja se siente escuchado, valorado y respetado.

11. Construir rituales conscientes: Establecer rituales conscientes dentro de la relación, como un control diario o una práctica de gratitud, refuerza la conexión entre los miembros de la pareja. Estos rituales crean oportunidades consistentes para generar confianza y seguridad al fomentar un sentido de confiabilidad y compromiso con el bienestar de la relación.

12. Apreciación consciente: La atención plena invita a las personas a apreciar la belleza en los momentos cotidianos. Tomarse el tiempo para expresar aprecio por uno mismo y por la pareja contribuye a generar confianza y confianza. Reconocer las fortalezas y los esfuerzos de cada uno fortalece la base de la relación.

13. Perdón y dejar ir: Las prácticas de atención plena fomentan la liberación de resentimientos persistentes a través del perdón y el dejar ir. Al cultivar una actitud sin prejuicios hacia uno mismo y hacia la pareja, las personas construyen confianza al crear un espacio para el crecimiento, la comprensión y la resolución de conflictos pasados.

14. Establecimiento de objetivos conscientes: Establecer intenciones y objetivos conscientes como individuos y como pareja proporciona una hoja de ruta para el crecimiento personal y relacional. La confianza y la seguridad florecen a medida que los socios son testigos del compromiso mutuo con las aspiraciones compartidas y se apoyan mutuamente en sus viajes individuales.

15. Celebración consciente de los logros: La atención plena fomenta la celebración de las pequeñas victorias y logros. Tomarse el tiempo para reconocer y celebrar los éxitos personales y compartidos fomenta un ambiente positivo. Esta práctica genera confianza dentro de la relación al resaltar el crecimiento colectivo y la resiliencia de la asociación.

Abordar las inseguridades subyacentes a través del amor consciente

Navegar por el intrincado terreno de las relaciones románticas requiere una comprensión matizada de los paisajes emocionales que las personas aportan a la unión. Las inseguridades, a menudo compañeras silenciosas en este viaje, pueden arrojar sombras sobre el potencial de una conexión profunda y el amor. El amor consciente, arraigado en la autoconciencia y la compasión, proporciona una luz guía para abordar estas inseguridades subyacentes, fomentando una relación que prospera en la autenticidad, la comprensión y el crecimiento mutuo.

En el corazón de abordar las inseguridades subyacentes a través del amor consciente se encuentra la práctica de la autocompasión. La atención plena invita a las personas a volverse hacia adentro, reconociendo y aceptando sus vulnerabilidades sin juzgarlas. Al cultivar la autocompasión, las personas pueden navegar por el terreno de sus inseguridades con amabilidad, reconociendo que las imperfecciones son una parte natural de la experiencia humana.

El amor consciente implica una exploración de los orígenes de las inseguridades, profundizando en las profundidades de experiencias pasadas, traumas o influencias sociales que pueden haber contribuido al desarrollo de estas narrativas internas. Al arrojar luz sobre las raíces de las inseguridades, las personas pueden obtener una comprensión más clara de los patrones que pueden estar influyendo en sus pensamientos y comportamientos dentro de la relación.

La comunicación abierta es una piedra angular del amor consciente, ya que proporciona un espacio donde las personas pueden compartir sus inseguridades con vulnerabilidad y sin temor a ser juzgadas. Expresar las luchas internas de uno requiere un nivel de confianza que el amor consciente busca nutrir. Los miembros de la pareja pueden entablar conversaciones abiertas y honestas, creando una atmósfera en la que las inseguridades se responden con empatía y comprensión mutua.

El amor consciente también implica escuchar activamente las expresiones de inseguridad de la pareja. En lugar de descartar o intentar "arreglar" estos sentimientos, la escucha consciente implica un compromiso profundo y empático. Las parejas pueden crear un espacio seguro para que el otro comparta sus inseguridades, sabiendo que serán recibidos con compasión y aceptación.

El cultivo de la atención plena dentro de una relación anima a los miembros de la pareja a estar presentes el uno con el otro en momentos de vulnerabilidad. Esta presencia implica un esfuerzo consciente para dejar de lado las distracciones y comprometerse plenamente con las emociones de la pareja, creando una conexión profunda que trasciende la superficie de las inseguridades. A través de la presencia consciente, las personas se aseguran mutuamente que son vistas y valoradas, fomentando una sensación de seguridad dentro de la relación.

El amor consciente anima a las parejas a co-crear una narrativa de valores e intenciones compartidas. Al establecer en colaboración una base basada en la confianza, el respeto y el apoyo mutuo, las parejas pueden trabajar activamente para disipar las sombras de la inseguridad. Esta narrativa compartida se convierte en una fuerza guía, dando forma a la relación de una manera que honra las vulnerabilidades y fortalezas únicas que cada socio aporta a la unión.

La práctica de la atención plena también implica reconocer la impermanencia de los pensamientos y las emociones. Las inseguridades, como las nubes que pasan, se pueden observar sin apego. Al adoptar una actitud sin prejuicios hacia las inseguridades, las personas pueden liberarse de las garras del diálogo interno negativo y crear un espacio para el crecimiento personal y la aceptación.

El amor consciente exige un compromiso con el crecimiento y el desarrollo personal. Las parejas se embarcan en un viaje de autodescubrimiento, reconociendo que sus caminos individuales contribuyen a la riqueza de la relación. Al fomentar una cultura de crecimiento continuo, el amor consciente crea un entorno en el que las inseguridades no se perciben como limitaciones, sino como oportunidades de aprendizaje y evolución.

Las parejas que practican el amor consciente pueden encontrar consuelo en las actividades compartidas de atención plena. Ya sea que participen en meditación, caminatas conscientes u otras prácticas contemplativas, estas actividades brindan oportunidades para que las parejas se conecten a un nivel más profundo. Las experiencias conscientes se convierten en un lenguaje compartido, reforzando el vínculo entre los miembros de la pareja y creando una reserva de resiliencia frente a las inseguridades.

Además, la práctica de la gratitud dentro del amor consciente se convierte en un poderoso antídoto contra las inseguridades. Los miembros de la pareja pueden centrarse intencionadamente en las cualidades positivas del otro y apreciarlas, fomentando una sensación de abundancia y reconocimiento. Expresar gratitud se convierte en un ritual que fortalece la base emocional de la relación.

Capítulo 5: Romper el ciclo de los pensamientos negativos: un enfoque consciente

Explora el ciclo de pensamientos negativos asociados con el pensamiento excesivo

Embarcarse en una exploración del intrincado ciclo de pensamientos negativos asociados con el pensamiento excesivo revela la compleja interacción entre la mente y las emociones. Pensar demasiado, a menudo insidioso en su naturaleza, puede dar lugar a un ciclo implacable de pensamientos destructivos que impregnan varios aspectos de la vida. Comprender este ciclo implica profundizar en los orígenes, patrones y consecuencias de estos pensamientos negativos, arrojando luz sobre el paisaje mental que crea el pensamiento excesivo.

En el centro del ciclo de pensamiento excesivo se encuentra una red de rumiación incesante. La mente, impulsada por una necesidad implacable de analizar, reproducir y diseccionar cada aspecto de una situación, se enreda en un bucle interminable de pensamiento. Este bucle a menudo comienza con un desencadenante: una amenaza percibida, un problema no resuelto o una situación ambigua. El detonante sirve como catalizador para que la mente se sumerja en una espiral de sobreanálisis.

A medida que el ciclo de pensamiento excesivo gana impulso, los pensamientos negativos comienzan a echar raíces. Estos pensamientos, a menudo alimentados por el miedo, la duda o la ansiedad, comienzan a dar forma a la narrativa de la mente. Las personas pueden encontrarse pensando en los peores escenarios, imaginando posibles trampas o participando en pensamientos catastróficos que magnifican los riesgos percibidos asociados con una situación.

Los pensamientos negativos dentro del ciclo de pensamiento excesivo no son estáticos; evolucionan y se multiplican. Un pensamiento negativo engendra otro, creando una reacción en cadena que intensifica el impacto emocional. La mente, ahora un campo de batalla de pensamientos contradictorios, amplifica el costo emocional del desencadenante original, lo que contribuye a aumentar el estrés, la preocupación y la sensación de impotencia.

El ciclo de pensamiento excesivo se ve exacerbado por la tendencia a la autocrítica. Los pensamientos negativos a menudo se vuelven hacia adentro, lo que lleva a las personas a cuestionar sus propias habilidades, decisiones o valía. Esta postura autocrítica se convierte en un mecanismo de refuerzo, profundizando el ciclo de pensamiento excesivo a medida que los individuos internalizan y personalizan la narrativa negativa que crea el pensamiento excesivo.

Además, el ciclo de pensamiento excesivo se caracteriza por una percepción sesgada de control. Los pensadores excesivos, impulsados por la necesidad de certeza y seguridad, creen que al analizar continuamente una situación, de alguna manera pueden obtener control sobre su resultado. Esta sensación ilusoria de control se convierte en una fuerza impulsora en el ciclo de pensamiento excesivo, obligando a los individuos a persistir en su gimnasia mental a pesar de los rendimientos decrecientes de sus esfuerzos.

Los pensamientos negativos asociados con el pensamiento excesivo a menudo se extienden a varios aspectos de la vida. Las relaciones pueden soportar la peor parte de las percepciones distorsionadas, ya que los pensadores excesivos proyectan sus ansiedades en las interacciones con los demás. Las metas laborales y personales pueden verse eclipsadas por una sensación generalizada de insuficiencia, lo que obstaculiza la productividad y sofoca el crecimiento personal.

Las consecuencias del ciclo de pensamiento excesivo se extienden más allá del ámbito del bienestar mental y emocional. El costo físico de pensar demasiado crónico puede manifestarse en síntomas como fatiga, tensión e incluso patrones de sueño interrumpidos. La conexión mentecuerpo se hace evidente a medida que los pensamientos negativos contribuyen a un estado elevado de excitación fisiológica, perpetuando un ciclo de estrés e inquietud.

Liberarse del ciclo de pensamiento excesivo requiere un esfuerzo consciente para interrumpir sus patrones. La atención plena, con su énfasis en la conciencia del momento presente, se convierte en un poderoso aliado en este esfuerzo. Al cultivar la atención plena, las personas pueden observar sus pensamientos sin enredarse en ellos. Esta observación sin prejuicios crea un espacio para el desapego de los pensamientos negativos, lo que permite a las personas obtener una perspectiva más equilibrada y objetiva.

Las prácticas de atención plena, como la meditación y la respiración profunda, sirven como anclas en el tumultuoso mar del pensamiento excesivo. Estas prácticas proporcionan un refugio, un respiro momentáneo del ciclo de pensamientos negativos. A través de un enfoque intencional en la respiración o un ancla en el momento presente, las personas pueden calmar la charla mental y crear una sensación de calma dentro de la tormenta del pensamiento excesivo.

Otro aspecto clave para romper el ciclo de pensamiento excesivo implica desafiar los pensamientos negativos a través de la reestructuración cognitiva. Este proceso implica examinar la validez de los pensamientos negativos, identificar distorsiones cognitivas y replantear la narrativa. Al cuestionar activamente la exactitud de los pensamientos negativos, las personas pueden comenzar a desentrañar los patrones automáticos que alimentan el ciclo de pensamiento excesivo.

Las intervenciones terapéuticas, como la terapia cognitivo-conductual (TCC), ofrecen marcos estructurados para abordar el ciclo de pensamiento excesivo. La TCC equipa a las personas con herramientas para identificar y desafiar los pensamientos negativos, reemplazándolos con perspectivas más equilibradas y realistas. El proceso terapéutico se convierte en un viaje colaborativo para liberarse de los grilletes del pensamiento excesivo.

Técnicas para romper el patrón del pensamiento negativo

Romper el patrón de pensamiento negativo es un viaje transformador que implica un esfuerzo consciente e intencional para cambiar los hábitos mentales y cultivar una mentalidad más positiva. El ciclo de pensamientos negativos puede ser generalizado y afectar varios aspectos de la vida y el bienestar. Para liberarse de este patrón, las personas pueden explorar una serie de técnicas que les permiten desafiar y remodelar sus patrones de pensamiento.

Una técnica fundamental para romper el patrón de pensamiento negativo es la atención plena. La atención plena implica cultivar la conciencia del momento presente sin juzgar. Al prestar atención a los pensamientos a medida que surgen, las personas pueden crear un espacio mental que les permita observar los pensamientos negativos sin enredarse en ellos. Las técnicas de atención plena, como la respiración consciente y la meditación, proporcionan herramientas prácticas para anclar la mente en el presente, interrumpiendo el ciclo automático de pensamientos negativos.

La reestructuración cognitiva es otra técnica poderosa que implica desafiar y replantear activamente los pensamientos negativos. Este proceso requiere que las personas identifiquen las distorsiones cognitivas (patrones de pensamiento que contribuyen a la negatividad) y las reemplacen con perspectivas más equilibradas y realistas. Al cuestionar conscientemente la exactitud de los pensamientos negativos, las personas pueden interrumpir los patrones automáticos que alimentan el ciclo de negatividad.

Las afirmaciones sirven como una técnica proactiva para contrarrestar los pensamientos negativos. Las afirmaciones son afirmaciones positivas que las personas se repiten a sí mismas, centrándose en cultivar una mentalidad positiva. Al afirmar constantemente creencias positivas sobre uno mismo y el mundo, las personas pueden cambiar gradualmente sus patrones de pensamiento y fomentar una perspectiva más optimista.

Las prácticas de gratitud ofrecen un enfoque transformador para romper el ciclo de pensamientos negativos. Participar en ejercicios regulares de gratitud implica reflexionar y expresar gratitud por los aspectos positivos de la propia vida. Esta práctica cambia el enfoque de lo que falta a lo que está presente, fomentando una sensación de abundancia y contrarrestando la atracción habitual de los pensamientos negativos.

La activación conductual es una técnica que consiste en participar en actividades que aportan una sensación de placer o logro. Romper el patrón de pensamiento negativo a menudo requiere interrumpir la inercia de la inactividad que la negatividad puede perpetuar. Al participar conscientemente en actividades agradables o significativas, las personas pueden crear experiencias positivas que contrarrestan el impacto de los pensamientos negativos.

La técnica de detener el pensamiento consiste en interrumpir conscientemente los pensamientos negativos cuando surgen. Esta técnica requiere que las personas digan mentalmente "detente" cuando notan que un pensamiento negativo se apodera de ti. El objetivo es crear un momento de pausa, permitiendo a las personas redirigir su atención y elegir un patrón de pensamiento más constructivo.

Llevar un diario es una técnica reflexiva que puede ayudar a las personas a comprender sus patrones de pensamiento negativos. Llevar un diario permite a las personas registrar sus pensamientos y emociones, identificando temas recurrentes y desencadenantes. Al obtener una comprensión más profunda de los patrones en juego, las personas pueden tomar medidas proactivas para desafiar y replantear los pensamientos negativos.

Establecer metas realistas y alcanzables es una técnica que permite a las personas enfocarse en resultados positivos. Al dividir los objetivos más grandes en pasos más pequeños y manejables, las personas crean una sensación de logro y generan confianza. Este proceso contrarresta el patrón de pensamiento negativo que a menudo surge cuando nos enfrentamos a objetivos abrumadores o inalcanzables.

La autocompasión consciente implica tratarse a uno mismo con amabilidad y comprensión, especialmente frente a los pensamientos negativos. Esta técnica anima a las personas a acercarse a sí mismas con la misma compasión que ofrecerían a un amigo que se enfrenta a desafíos. Al cultivar la autocompasión, las personas pueden romper el ciclo de autojuicio severo que a menudo acompaña al pensamiento negativo.

La práctica de la visualización es una técnica que consiste en crear imágenes mentales de resultados positivos. Al imaginar vívidamente el éxito, la felicidad o los resultados deseados, las personas pueden remodelar su paisaje mental. La visualización sirve como una herramienta poderosa para interrumpir el patrón de pensamiento negativo y fomentar una mentalidad más optimista y constructiva.

La conexión social es una técnica que aprovecha el poder de las relaciones para romper el ciclo de pensamientos negativos. Entablar conversaciones significativas, buscar el apoyo de amigos o seres queridos y participar en actividades sociales crea oportunidades para interacciones positivas. La conexión social sirve como un amortiguador contra el aislamiento y refuerza el sentido de pertenencia, contrarrestando el impacto de los pensamientos negativos.

El movimiento consciente, como el yoga o el tai chi, es una técnica que integra la actividad física con la atención plena. Participar en prácticas de movimiento consciente no solo promueve el bienestar físico, sino que también ayuda a las personas a conectarse con el momento presente. Esta integración del movimiento y la atención plena sirve como un enfoque holístico para romper el patrón de pensamiento negativo.

Ejercicios de mindfulness para desafiar y replantear los pensamientos negativos en las relaciones

En las relaciones, la capacidad de navegar y replantear los pensamientos negativos es esencial para fomentar la comprensión, la empatía y el crecimiento mutuo. Los ejercicios de mindfulness sirven como herramientas valiosas para cultivar la conciencia y romper los patrones automáticos de pensamiento negativo que pueden surgir dentro de la dinámica de una relación. Estos ejercicios animan a las personas a abordar sus pensamientos con una mentalidad sin prejuicios, promoviendo una perspectiva más equilibrada y constructiva.

Un ejercicio efectivo de atención plena para desafiar los pensamientos negativos en las relaciones es la técnica de "Observación de pensamientos". En este ejercicio, los individuos asumen el papel de observadores de sus pensamientos. En lugar de reaccionar inmediatamente a los pensamientos negativos, dan un paso atrás mentalmente y los observan sin apego. Esta práctica crea un espacio para que las personas obtengan una perspectiva sobre sus patrones de pensamiento, lo que permite una respuesta más intencional y mesurada a los pensamientos negativos dentro de la relación.

El ejercicio de "Respiración consciente" es una práctica fundamental de atención plena que puede ser particularmente poderosa para desafiar los pensamientos negativos. Al concentrarse en la respiración y prestar atención a cada inhalación y exhalación, las personas se conectan con el momento presente. Este ejercicio ayuda a romper el ciclo de rumiación y permite un reinicio mental, proporcionando claridad y calma cuando se enfrenta a pensamientos negativos en el contexto de una relación.

Otro ejercicio de atención plena para replantear los pensamientos negativos en las relaciones consiste en cultivar un "Diario de gratitud". Los participantes se toman unos momentos cada día para reflexionar y anotar los aspectos de su relación por los que están agradecidos. Esta práctica cambia el enfoque de la negatividad a los aspectos positivos, fomentando una mentalidad de aprecio y ayudando a las personas a replantear sus pensamientos para reconocer las fortalezas y alegrías dentro de la relación.

El ejercicio "Five Senses Grounding" es una técnica de atención plena que anima a las personas a involucrar plenamente sus sentidos en el momento presente. Cuando surgen pensamientos negativos en una relación, las personas pueden conectarse a tierra centrándose en lo que ven, oyen, tocan, saborean y huelen en el entorno actual. Esta conciencia sensorial ayuda a redirigir la atención lejos de los pensamientos negativos y promueve una sensación de presencia y conexión dentro de la relación.

"Mindful Reflection" es un ejercicio que consiste en dedicar tiempo a la autorreflexión sobre los propios pensamientos y emociones en el contexto de la relación. Las personas crean un espacio tranquilo para la introspección, lo que les permite explorar las causas fundamentales de los pensamientos negativos y obtener información sobre sus desencadenantes. Este ejercicio de atención plena promueve la autoconciencia y una comprensión más profunda de los patrones de pensamiento que influyen en la relación.

Una meditación guiada de atención plena para las relaciones puede ser una práctica transformadora para desafiar los pensamientos negativos. En este ejercicio, las personas escuchan una meditación guiada que aborda específicamente los pensamientos negativos dentro del contexto de las relaciones. La meditación puede incluir indicaciones para la autorreflexión, el cultivo de la compasión y la reformulación de los pensamientos para fomentar una mentalidad más positiva y constructiva.

La "Meditación de la Bondad Amorosa" es un ejercicio de atención plena que se enfoca en generar sentimientos de amor y compasión, no solo para uno mismo sino también para los demás, incluida la pareja. Al extender los deseos de bienestar y felicidad tanto a uno mismo como a la pareja, las personas cultivan una mentalidad de bondad que contrarresta los pensamientos negativos y promueve una dinámica más amorosa y de apoyo en la relación.

Los ejercicios de comunicación consciente pueden ser fundamentales para abordar los pensamientos negativos en el contexto de las relaciones. Estos ejercicios implican la escucha consciente y atenta, en la que los individuos se involucran plenamente en el momento presente durante las conversaciones con sus parejas. La comunicación consciente fomenta un intercambio abierto y sin prejuicios de pensamientos y sentimientos, creando un entorno en el que los pensamientos negativos pueden expresarse y reformularse en colaboración.

El ejercicio de atención plena "Body Scan" es una técnica que consiste en llevar sistemáticamente la conciencia a diferentes partes del cuerpo. Cuando surgen pensamientos negativos en las relaciones, las personas pueden usar el escaneo corporal para conectarse a las sensaciones corporales, promoviendo una sensación de presencia y desapego de los pensamientos. Este ejercicio contribuye a una experiencia más encarnada y centrada dentro de la relación.

Incorporar una práctica de atención plena de "desintoxicación digital" puede ser beneficioso para desafiar los pensamientos negativos en las relaciones, especialmente en la era de la conectividad constante. Este ejercicio consiste en tomar descansos intencionados de los dispositivos digitales para crear momentos de atención plena y conexión con la pareja. Al reducir las distracciones digitales, las personas pueden fomentar una conexión más auténtica y presente, disminuyendo el espacio para que prosperen los pensamientos negativos.

Capítulo 6: Resolución consciente de conflictos: convertir las tensiones en oportunidades

El papel del pensamiento excesivo en los conflictos dentro de las relaciones

Pensar demasiado, una fuerza sutil pero potente, puede ensombrecer el panorama de las relaciones, a menudo desempeñando un papel fundamental en los conflictos que surgen entre los miembros de la pareja. La intrincada interacción entre pensamientos, emociones e interpretaciones dentro del ámbito del pensamiento excesivo puede magnificar los desacuerdos, crear malentendidos y contribuir a la escalada de conflictos. Comprender el papel del pensamiento excesivo en los conflictos de relación requiere profundizar en las formas en que se manifiesta, influye en la dinámica de la comunicación y contribuye a la perpetuación de la discordia.

En esencia, el pensamiento excesivo implica un enfoque excesivo y repetitivo en los pensamientos, a menudo impulsado por una necesidad de control o un deseo de predecir y prevenir posibles problemas. En el contexto de las relaciones, pensar demasiado puede convertirse en un compañero silencioso durante los momentos de desacuerdo o tensión. En lugar de abordar los problemas directamente, las personas pueden encontrarse atrapadas en una red de pensamientos, analizando eventos pasados, anticipando escenarios futuros y creando narrativas mentales intrincadas que pueden no alinearse con la realidad de la situación.

Una de las principales formas en que el pensamiento excesivo contribuye a los conflictos es a través de la lente del catastrofismo. Los pensadores excesivos, impulsados por una mayor sensibilidad a las amenazas potenciales, pueden involucrarse en pensamientos catastróficos, imaginando los peores resultados posibles de un desacuerdo o conflicto. Esta percepción distorsionada puede intensificar las emociones, haciendo que un problema relativamente menor parezca insuperable y exacerbando el conflicto.

Pensar demasiado también tiende a alimentar el ciclo de malas interpretaciones. A medida que las personas se enredan en sus propios pensamientos, pueden malinterpretar las señales, asignar motivaciones incorrectas a las acciones de su pareja o asumir intenciones negativas donde no las hay. Este desajuste entre la realidad percibida y las intenciones reales puede dar lugar a malentendidos, creando un terreno fértil para que los conflictos echen raíces y florezcan.

En medio de los conflictos, el pensamiento excesivo a menudo se manifiesta en forma de repetición de conversaciones o eventos. Las personas pueden revisar obsesivamente los argumentos, analizando cada palabra pronunciada y cada matiz del lenguaje corporal. Esta repetición continua puede profundizar las heridas emocionales, intensificar las emociones negativas y obstaculizar el proceso de resolución al mantener el enfoque en agravios pasados en lugar de soluciones constructivas.

Además, pensar demasiado puede contribuir a una ruptura de la comunicación durante los conflictos. Cuando las personas son consumidas por sus propios pensamientos, la escucha activa puede verse comprometida y la capacidad de empatizar con la perspectiva de una pareja puede verse eclipsada. Los pensadores excesivos pueden llegar a estar tan preocupados por su diálogo interno que luchan por participar en el momento presente, lo que dificulta el potencial de una comunicación efectiva y la resolución de conflictos.

El papel del pensamiento excesivo en los conflictos se extiende al ámbito de las suposiciones y proyecciones. Los pensadores excesivos, lidiando con su diálogo interno, pueden proyectar sus miedos, inseguridades o experiencias pasadas en sus parejas. Estas proyecciones pueden crear una narrativa distorsionada, en la que los conflictos se convierten no solo en el desacuerdo presente, sino también en cuestiones no resueltas del pasado o ansiedades sobre el futuro.

En el fragor de los conflictos, pensar demasiado puede llevar a un mayor estado defensivo. Los individuos impulsados por tendencias de pensamiento excesivo pueden sentir la necesidad de protegerse de las amenazas percibidas, lo que lleva a una reacción instintiva de autopreservación. Esta actitud defensiva puede intensificar aún más los conflictos, ya que los socios pueden interpretarla como una falta de apertura o receptividad para resolver los problemas en colaboración.

La naturaleza perpetua del pensamiento excesivo puede contribuir a un ciclo de evitación de conflictos. Temerosos de las posibles consecuencias de abordar los conflictos directamente, los pensadores excesivos pueden refugiarse en sus pensamientos, evitando las conversaciones necesarias y retrasando el proceso de resolución. Esta evitación, si bien proporciona un alivio temporal, puede conducir a una acumulación de problemas no resueltos que pueden resurgir más adelante, lo que podría causar conflictos más significativos.

Liberarse de las garras del pensamiento excesivo en el contexto de los conflictos de relación requiere un esfuerzo consciente para cultivar la atención plena. La atención plena anima a las personas a observar sus pensamientos sin apego, creando un espacio para respuestas más intencionadas a los conflictos. Al llevar la atención al momento presente, las personas pueden interrumpir el ciclo de pensamiento excesivo y participar en conflictos con mayor claridad y presencia.

Las habilidades de comunicación desempeñan un papel fundamental para mitigar el impacto del pensamiento excesivo en los conflictos. Los miembros de la pareja pueden trabajar juntos para crear un espacio abierto y sin prejuicios para expresar pensamientos y emociones. Al fomentar un entorno en el que ambos individuos se sientan escuchados y valorados, los conflictos pueden abordarse con un sentido de colaboración en lugar de un pensamiento de confrontación.

Establecer expectativas y límites claros de comunicación se vuelve crucial para abordar el pensamiento excesivo dentro de los conflictos. Establecer pautas sobre cómo se abordarán los conflictos, como el uso de declaraciones en primera persona, la escucha activa y tomar descansos cuando sea necesario, crea un marco estructurado que ayuda a mitigar la influencia del pensamiento excesivo en la dinámica de la comunicación.

Las intervenciones terapéuticas, como la terapia de pareja, pueden ofrecer un apoyo valioso para romper el ciclo de pensar demasiado dentro de los conflictos de relación. Un terapeuta capacitado puede guiar a los socios en el desarrollo de estrategias de comunicación efectivas, explorando las raíces de las tendencias de pensamiento excesivo y proporcionando herramientas para manejar los conflictos de una manera más saludable y constructiva.

Un enfoque consciente para la resolución de conflictos, enfatizando la comprensión y la empatía

Abordar la resolución de conflictos a través de una lente consciente introduce un paradigma transformador que trasciende los enfoques tradicionales, poniendo énfasis en la comprensión, la empatía y el cultivo de una conexión armoniosa entre los individuos. La atención plena, arraigada en el momento presente y la conciencia sin prejuicios, ofrece un marco único para navegar los conflictos con un sentido de claridad, compasión y compromiso con la comprensión mutua.

En el corazón de un enfoque consciente para la resolución de conflictos se encuentra el concepto de conciencia del momento presente. En lugar de permitir que la mente se detenga en agravios pasados o ansiedades sobre el futuro, las personas que practican la atención plena llevan su atención a la situación actual. Este enfoque intencional en el presente permite una perspectiva más fundamentada y objetiva, lo que permite a las personas participar en la resolución de conflictos con una mentalidad clara y abierta.

Un elemento central del enfoque consciente es el cultivo de la comprensión. En situaciones de conflicto, los malentendidos suelen surgir de diferentes perspectivas, suposiciones o interpretaciones erróneas. La atención plena anima a las personas a suspender el juicio y a escucharse activamente unos a otros, tratando de comprender las emociones, necesidades y preocupaciones subyacentes que contribuyen al conflicto. Esta escucha empática fomenta una conexión más profunda y sienta las bases para una resolución más significativa.

La empatía, una piedra angular del enfoque consciente de la resolución de conflictos, implica la capacidad de experimentar y comprender indirectamente los sentimientos de otra persona. Al cultivar la empatía, las personas se ponen en el lugar de sus parejas, reconociendo y validando sus emociones. Esta conexión empática forma un puente entre perspectivas contradictorias, creando un espacio para el reconocimiento mutuo y un compromiso compartido para encontrar un terreno común.

La atención plena también anima a las personas a observar sus propias reacciones y respuestas durante los conflictos. En lugar de reaccionar impulsivamente en función de patrones habituales o condicionamientos pasados, las personas que practican la atención plena hacen una pausa para reflexionar sobre sus propias emociones y desencadenantes. Esta autoconciencia permite una respuesta más intencional y mesurada, lo que reduce la probabilidad de que el conflicto se intensifique y crea una apertura para el diálogo constructivo.

El concepto de conciencia sin prejuicios es fundamental para el enfoque consciente. En la resolución de conflictos, los individuos a menudo tienen juicios sobre sí mismos o sus parejas, lo que contribuye a una dinámica de confrontación. La atención plena invita a una postura sin prejuicios, en la que las personas observan sus pensamientos y emociones sin adjuntar juicios de valor. Este cambio de perspectiva fomenta un ambiente de aceptación y apertura, creando un espacio para la resolución sin culpas ni críticas.

Un elemento clave de la atención plena en la resolución de conflictos implica la práctica de la escucha profunda. La escucha profunda va más allá de escuchar palabras; Implica sumergirse por completo en la experiencia del hablante, tanto verbal como no verbal. Esta práctica requiere toda la atención, dejar de lado las nociones preconcebidas y participar activamente en el momento. La escucha profunda permite a las personas absorber los matices de la comunicación de su pareja, promoviendo una comprensión más profunda y allanando el camino para una resolución efectiva.

La respiración consciente sirve como técnica de conexión a tierra en la resolución de conflictos. Cuando las emociones están a flor de piel, las personas pueden recurrir a la respiración consciente para centrarse. Al centrarse en la respiración, las personas crean un momento de pausa, lo que les permite responder al conflicto desde un lugar de calma y claridad. La respiración consciente sirve como un ancla en las aguas turbulentas del conflicto, facilitando un compromiso más sereno y reflexivo.

El enfoque consciente de la resolución de conflictos anima a las personas a adoptar una mentalidad curiosa y exploratoria. En lugar de abordar los conflictos con una agenda fija o un deseo de "ganar", las personas que practican la atención plena adoptan una postura curiosa, buscando comprender la dinámica y las motivaciones subyacentes. Esta curiosidad abre la puerta a la resolución colaborativa de problemas, donde ambas partes contribuyen a encontrar soluciones creativas y mutuamente beneficiosas.

Las técnicas de comunicación consciente juegan un papel vital en la resolución de conflictos. El uso de declaraciones en primera persona, la expresión de pensamientos y sentimientos sin culpa, y el uso de un lenguaje que promueva la comprensión y la conexión son características distintivas de la comunicación consciente. Al elegir las palabras con atención y cuidado, las personas pueden fomentar una atmósfera de respeto y cooperación, incluso en medio del conflicto.

La resolución consciente de conflictos también implica el cultivo intencional de emociones positivas. En medio de los desafíos del conflicto, las personas pueden llamar la atención intencionalmente sobre los aspectos positivos de la relación, las experiencias positivas pasadas o los valores compartidos. Este enfoque en la positividad contrarresta la atracción gravitacional de la negatividad y contribuye a una mentalidad más optimista y orientada a las soluciones.

Un aspecto importante del enfoque consciente es el concepto de perdón. En lugar de aferrarse al resentimiento o a los agravios, las personas que practican la atención plena comprenden el poder liberador del perdón. Perdonar no significa condonar el comportamiento dañino, sino que implica dejar ir el bagaje emocional que puede impedir el proceso de resolución. Al abrazar el perdón, las personas crean un espacio para la sanación y la renovación dentro de la relación.

Pasos prácticos y ejercicios para resolver conflictos de forma consciente

Navegar los conflictos de forma consciente implica un enfoque deliberado y consciente de la resolución que prioriza la comprensión, la empatía y la resolución colaborativa de problemas. Los pasos y ejercicios prácticos pueden servir como herramientas valiosas para cultivar un enfoque consciente de la resolución de conflictos, fomentando un entorno en el que los conflictos se conviertan en oportunidades de crecimiento, conexión y comprensión mutua.

Un paso práctico para resolver conflictos de forma consciente es iniciar el proceso con una mentalidad tranquila y centrada. Antes de participar en discusiones, tómese un momento para practicar la respiración consciente. Cierra los ojos, concéntrate en tu respiración y permítete estar presente en el momento. Este ejercicio de respiración consciente crea una base de compostura y claridad, lo que te permite abordar el conflicto con una mentalidad más abierta y receptiva.

La escucha activa es una piedra angular de la resolución consciente de conflictos. Durante las discusiones, haz un esfuerzo consciente para escuchar realmente a tu pareja. Evite interrumpir y resista la tentación de formular su respuesta mientras la otra persona está hablando. En su lugar, practica la escucha profunda prestando toda tu atención, haciendo contacto visual y reconociendo lo que se dice. Esto fomenta una atmósfera de respeto y crea un espacio para una comunicación auténtica.

La comunicación consciente implica expresarse con claridad e intención. Usa frases en primera persona para transmitir tus pensamientos y sentimientos sin culpar a la otra persona. Por ejemplo, en lugar de decir: "Siempre haces esto", di: "Me siento molesto cuando esto sucede". Este cambio en el lenguaje promueve la responsabilidad personal y fomenta un diálogo colaborativo en lugar de un intercambio de confrontación.

La "Pausa de las Tres Respiraciones" es un ejercicio práctico que se puede emplear durante los conflictos. Cuando las tensiones aumenten, respire tres veces intencionalmente antes de responder. Esta breve pausa te permite alejarte de las emociones reactivas y abordar el conflicto con una respuesta más mesurada y reflexiva. La Pausa de las Tres Respiraciones sirve como una herramienta valiosa para prevenir reacciones impulsivas y promover el compromiso consciente.

La reflexión consciente es un paso proactivo en la resolución de conflictos. Tómese el tiempo para reflexionar sobre sus propias emociones, necesidades y desencadenantes antes de participar en discusiones. Escribir un diario puede ser un ejercicio útil en este sentido. Escribe tus pensamientos y sentimientos, explorando las causas subyacentes del conflicto desde tu perspectiva. Esta autoconciencia contribuye a un enfoque más consciente e intencional de la resolución.

La técnica de los "Cinco porqués" es un ejercicio de indagación consciente que profundiza en las causas fundamentales de los conflictos. Pregúntese por qué ocurrió el conflicto y luego continúe preguntando "por qué" a cada respuesta posterior. Este proceso iterativo ayuda a descubrir capas más profundas de comprensión, revelando los problemas subyacentes que pueden no ser evidentes de inmediato. La técnica de los cinco porqués fomenta una exploración más matizada y exhaustiva del conflicto.

Cultivar la empatía es un paso vital en la resolución consciente de conflictos. El ejercicio de "Escucha compasiva" consiste en ponerse activamente en el lugar de su pareja. Trata de entender su perspectiva, sus emociones y sus necesidades sin juzgarlas. Esta práctica de escucha compasiva fomenta la empatía, creando un puente entre diferentes puntos de vista y sentando las bases para la resolución colaborativa.

El ejercicio de "Reflejo reflexivo" es una herramienta práctica para garantizar que ambas partes se sientan escuchadas y comprendidas. Después de que una persona expresa sus pensamientos o sentimientos, la otra persona reflexiona sobre lo que escuchó. Este reflejo reflexivo permite la aclaración y la validación, lo que reduce la probabilidad de interpretaciones erróneas y crea una comprensión compartida de los problemas en cuestión.

Las técnicas de visualización también se pueden emplear en la resolución consciente de conflictos. Antes de participar en las discusiones, tómese un momento para visualizar una solución positiva y constructiva al conflicto. Imagínese a ambas partes expresándose con claridad, entendiendo las perspectivas de cada uno y trabajando en colaboración para encontrar una solución. La visualización crea un marco mental positivo, influyendo en la interacción real en una dirección consciente y constructiva.

La toma de decisiones consciente es fundamental para resolver conflictos de manera efectiva. En lugar de centrarse en ganar o perder, aborda las decisiones de forma colaborativa. El ejercicio de "Pros y Contras" consiste en enumerar conjuntamente las posibles ventajas y desventajas de las diferentes soluciones. Esta exploración colaborativa fomenta un sentido de responsabilidad compartida y empodera a ambas partes para contribuir al proceso de toma de decisiones.

El "Intercambio de Gratitud" es un ejercicio consciente que cambia el enfoque del conflicto a la apreciación. Túrnense para expresar gratitud por los aspectos positivos de la relación. Este ejercicio crea una atmósfera positiva, recordando a ambas partes las fortalezas y alegrías dentro de la relación. Participar en un intercambio de gratitud fomenta una mentalidad de aprecio y puede contribuir a una resolución más amistosa.

El silencio puede ser un poderoso aliado en la resolución consciente de conflictos. El ejercicio de "Reflexión silenciosa" consiste en tomar unos momentos de silencio intencional durante las discusiones. Este silencio permite que ambas partes reflexionen sobre lo que se ha dicho, fomentando una comprensión más profunda y creando espacio para respuestas más reflexivas. La reflexión silenciosa promueve una atmósfera consciente y contemplativa.

Establecer intenciones para el proceso de resolución es un paso práctico que se alinea con la atención plena. Antes de entrar en discusiones, establezca intenciones positivas y constructivas para el resultado. Esto puede implicar expresar un deseo de comprensión mutua, un compromiso para encontrar un terreno común o un enfoque en la resolución colaborativa de problemas. Establecer intenciones establece un marco consciente que guía el proceso de resolución.

Capítulo 7: Equilibrando la independencia y la unión: interdependencia consciente

Cómo pensar demasiado puede afectar el equilibrio entre la independencia y la unión

La intrincada danza entre la independencia y la unión es un delicado equilibrio que define la dinámica de las relaciones. El pensamiento excesivo, con su inclinación por el análisis y la anticipación implacables, puede afectar significativamente este equilibrio, introduciendo desafíos que reverberan a través de las complejidades de la autonomía personal y la conexión compartida.

En esencia, pensar demasiado puede llevar a un énfasis excesivo en la independencia, alimentando un sentido de autosuficiencia que raya en el aislamiento. Las personas propensas a pensar demasiado pueden encontrarse inmersas en un paisaje mental donde la autosuficiencia se convierte en un mecanismo de afrontamiento. El análisis constante de situaciones, decisiones y resultados potenciales puede crear una vacilación para confiar en los demás o compartir vulnerabilidades, lo que lleva a una fortaleza de independencia que dificulta el flujo natural de conexión en las relaciones.

Por el contrario, pensar demasiado también puede inclinar la balanza hacia un deseo excesivo de unión. La mente, impulsada por una necesidad implacable de tranquilidad y certeza, puede imaginar amenazas potenciales para la relación. Este miedo a la separación puede manifestarse en un apego o una dependencia excesiva de la pareja para obtener validación emocional y apoyo. Los pensadores excesivos pueden tener dificultades para navegar por la delgada línea entre la interdependencia y la dependencia poco saludable, lo que afecta el ritmo natural de unión dentro de la relación.

Pensar demasiado puede generar incertidumbre, y esta incertidumbre a menudo se extiende al ámbito de los límites personales. Las personas que luchan con tendencias de pensamiento excesivo pueden encontrarse constantemente analizando los límites entre ellos y sus parejas. El miedo a invadir el espacio personal o la ansiedad por estar demasiado distante pueden conducir a un estado perpetuo de cuestionamiento y recalibración, interrumpiendo la fluidez del equilibrio entre la independencia y la unión.

Además, el impacto del pensamiento excesivo en la comunicación puede influir en el delicado equilibrio entre la independencia y la unión. Las personas que piensan demasiado pueden dudar en expresar sus necesidades o deseos, temiendo que afirmarse a sí mismos altere el delicado equilibrio dentro de la relación. Por otra parte, el análisis constante de los matices de la comunicación puede dar lugar a interpretaciones erróneas, creando tensiones innecesarias que interrumpen el flujo armonioso entre la independencia y la unión.

Pensar demasiado a menudo se entrelaza con la inseguridad, una fuerza potente que puede inclinar la balanza en cualquier dirección. La inseguridad puede conducir a una necesidad exagerada de independencia como mecanismo de defensa contra un posible rechazo o decepción. Por otro lado, puede fomentar un intenso deseo de unión constante como medio para buscar validación y tranquilidad. La interacción matizada entre el pensamiento excesivo y la inseguridad complica aún más la delicada danza entre la autonomía y la conexión en las relaciones.

El impacto de pensar demasiado en la toma de decisiones también puede influir en el equilibrio entre la independencia y la unión. Los pensadores excesivos pueden lidiar incluso con las decisiones más simples, temiendo las consecuencias de sus decisiones en la relación. Esta vacilación puede obstaculizar la autonomía personal, creando una dependencia de la opinión o aprobación de la pareja. Por el contrario, la necesidad constante de tranquilidad puede llevar a la toma de decisiones basada únicamente en el deseo de unión, comprometiendo la autonomía individual.

El parloteo mental constante de pensar demasiado puede crear una barrera interna a la vulnerabilidad. El miedo a ser juzgado o rechazado puede impedir que las personas expresen abiertamente sus emociones o busquen apoyo cuando sea necesario. Esta vacilación a ser vulnerable puede afectar la intimidad emocional que sustenta el aspecto de unión de una relación, obstaculizando el flujo y reflujo natural entre la independencia y la conexión compartida.

El impacto de pensar demasiado en el equilibrio entre la independencia y la unión se vuelve particularmente pronunciado en momentos de estrés o incertidumbre. Los pensadores excesivos pueden retirarse instintivamente a sus mentes, intensificando la búsqueda de la autosuficiencia o amplificando el deseo de estar juntos constantemente como fuente de consuelo. Esta mayor reactividad puede alterar el equilibrio natural, lo que dificulta que la relación supere los desafíos con flexibilidad y resiliencia.

Liberarse de las garras del pensamiento excesivo requiere un esfuerzo consciente para cultivar la atención plena y la autoconciencia. Al llevar la atención al momento presente, las personas pueden observar sus pensamientos sin enredarse en ellos. Esta conciencia sin prejuicios crea un espacio para elecciones intencionales, lo que permite a las personas navegar por el equilibrio entre la independencia y la unión con mayor claridad y autenticidad.

La comunicación efectiva juega un papel fundamental en el restablecimiento del equilibrio. Las conversaciones abiertas y honestas sobre las necesidades, los límites y las expectativas individuales crean un entendimiento compartido dentro de la relación. Establecer expectativas de comunicación claras permite a ambos miembros de la pareja expresar sus deseos de independencia y unión sin temor a interpretaciones erróneas, lo que fomenta una conexión más armoniosa.

Establecer límites saludables es crucial para navegar por el impacto de pensar demasiado en el equilibrio entre la independencia y la unión. Esto implica un esfuerzo colaborativo para definir el espacio personal, la autonomía y las actividades compartidas dentro de la relación. Al discutir y respetar de manera proactiva los límites de cada uno, los socios pueden crear un entorno de apoyo que fomente tanto la independencia como la unión.

La terapia de pareja puede ser un recurso valioso para navegar los desafíos que plantea pensar demasiado en las relaciones. Un terapeuta capacitado puede guiar a los socios en la exploración del impacto del pensamiento excesivo, el fomento de la comunicación efectiva y el desarrollo de estrategias para mantener un equilibrio saludable entre la independencia y la unión. El proceso terapéutico se convierte en un viaje colaborativo hacia la resiliencia y la comprensión mutua.

Discutir el concepto de interdependencia consciente en las relaciones

El concepto de interdependencia consciente en las relaciones representa un enfoque matizado e intencional de la conexión que va más allá de las nociones tradicionales de independencia y unión. Arraigada en los principios de la atención plena, esta perspectiva fomenta una interacción armoniosa entre la autonomía individual y la conexión compartida, fomentando una base dinámica y resistente para que las relaciones prosperen.

La interdependencia consciente comienza con un reconocimiento consciente de cada individuo como un ser único y autónomo. En lugar de ver la independencia y la unión como fuerzas opuestas, la interdependencia consciente adopta la idea de que los individuos pueden mantener su individualidad mientras contribuyen activamente a la conexión compartida. Este reconocimiento constituye la piedra angular de una relación en la que cada miembro de la pareja es valorado por sus distintas cualidades, experiencias y perspectivas.

En el corazón de la interdependencia consciente se encuentra un compromiso con la autoconciencia. Los individuos comprometidos en la interdependencia consciente cultivan continuamente una comprensión de sus propias necesidades, deseos y límites. Esta autoconciencia sirve como una brújula para navegar por las complejidades de las relaciones, lo que permite a las personas comprometerse con autenticidad y comunicar sus necesidades de manera efectiva dentro del contexto de la asociación.

La interdependencia consciente invita a los individuos a acercarse a las relaciones con un sentido de conciencia del momento presente. La práctica de la atención plena anima a los individuos a participar plenamente en la experiencia actual, libres de las cargas de los agravios o ansiedades del pasado sobre el futuro. Esta presencia en el momento fomenta una conexión más profunda entre los miembros de la pareja, lo que permite una interacción más auténtica y receptiva que trasciende las nociones preconcebidas o las reacciones habituales.

La comunicación en la interdependencia consciente se caracteriza por el diálogo abierto, la escucha activa y la comprensión sin prejuicios. Los miembros de la pareja entablan conversaciones que van más allá de las interacciones superficiales, explorando las profundidades de los pensamientos, sentimientos y aspiraciones del otro. El énfasis en la escucha empática crea un entorno de apoyo en el que ambas personas se sienten escuchadas, valoradas y respetadas, lo que contribuye a un sentido de conexión más profundo.

Un aspecto clave de la interdependencia consciente es el reconocimiento del interser, la comprensión de que los individuos están interconectados y su bienestar está entrelazado. Este concepto trasciende los límites del pensamiento egocéntrico y enfatiza la naturaleza colectiva de la relación. Los socios en una relación interdependiente consciente reconocen que sus acciones, elecciones y emociones tienen un efecto dominó en la dinámica general, fomentando un sentido de responsabilidad compartida e influencia mutua.

La interdependencia consciente también implica el cultivo de la inteligencia emocional. Las parejas trabajan activamente para comprender y regular sus propias emociones y, al mismo tiempo, están en sintonía con las experiencias emocionales de su pareja. Esta mayor conciencia emocional contribuye a una conexión más empática y de apoyo, creando un espacio para el crecimiento emocional compartido dentro de la relación.

El concepto de metas y valores compartidos es parte integral de la interdependencia consciente. Si bien cada individuo mantiene su autonomía, hay un esfuerzo deliberado para alinearse con aspiraciones y principios comunes. Este sentido de propósito compartido sirve como una fuerza unificadora, proporcionando una hoja de ruta para el crecimiento y desarrollo de la relación, al tiempo que honra la individualidad de cada socio.

En la interdependencia consciente, el flujo y reflujo de la relación se reconoce y se acepta. Los socios reconocen que las relaciones, como la vida misma, son dinámicas y están sujetas a cambios. En lugar de resistirse a los cambios inevitables, la interdependencia consciente fomenta la adaptabilidad y la resiliencia. Esta aceptación del cambio fomenta un entorno en el que la relación puede evolucionar orgánicamente, lo que permite a ambos miembros de la pareja navegar juntos por el viaje con un sentido de ecuanimidad.

La resolución de conflictos dentro de la interdependencia consciente se aborda con un espíritu de colaboración y comprensión mutua. Los conflictos son vistos como oportunidades de crecimiento y aprendizaje en lugar de amenazas para la relación. Los socios participan en conversaciones abiertas y constructivas, explorando soluciones que honran tanto las necesidades individuales como el bienestar de la relación en su conjunto. La resolución consciente de conflictos implica un compromiso de escuchar, aprender y co-crear resoluciones que contribuyan al florecimiento continuo de la asociación.

La interdependencia consciente no es un estado estático, sino una práctica continua que requiere intención y compromiso. Implica una exploración continua del equilibrio entre la autonomía y la conexión, un compromiso con la autoconciencia y una apertura a la naturaleza evolutiva de la relación. Los socios en una relación interdependiente consciente participan activamente en su propio crecimiento y en el crecimiento de la asociación, creando un viaje compartido dinámico y satisfactorio.

Ideas y ejercicios para cultivar un equilibrio saludable en el amor

Cultivar un equilibrio saludable en el amor es un viaje intrincado y continuo que requiere autoconciencia, intencionalidad y un compromiso con el bienestar de ambos individuos en la relación. Las ideas y los ejercicios juegan un papel crucial en este proceso, ofreciendo herramientas valiosas para que las parejas naveguen por las complejidades del amor con autenticidad, armonía y crecimiento mutuo.

Idea 1: **Abrazar la individualidad dentro de la unidad Un equilibrio saludable en el amor comienza con el reconocimiento y la celebración de la** individualidad dentro del contexto de la unidad. Cada miembro de la pareja aporta un conjunto único de cualidades, perspectivas y aspiraciones a la relación. Aceptar y honrar estas diferencias individuales fomenta un entorno en el que ambas personas se sienten valoradas y reconocidas. Ejercicio: Tómese un tiempo para reflexiones personales y comparta ideas sobre sus valores, objetivos y preferencias individuales con su pareja. Este ejercicio fomenta la comunicación abierta y fortalece la base de la comprensión dentro de la relación.

Idea 2: **Cultivar una comunicación abierta y honesta** La comunicación efectiva es la piedra angular de un equilibrio amoroso saludable. Fomenta una cultura de apertura, en la que ambos miembros de la pareja se sientan seguros expresando sus pensamientos, sentimientos y necesidades sin temor a ser juzgados. La comunicación honesta genera confianza e intimidad, creando un marco sólido para una relación equilibrada y próspera. Ejercicio: Practica la escucha activa dedicando momentos específicos para involucrarte plenamente con los pensamientos y sentimientos de tu pareja. Reflexiona sobre lo que escuchas para garantizar el entendimiento mutuo, fomentando una conexión más profunda a través de una comunicación significativa.

Idea 3: **Priorizar el autocuidado para el bienestar mutuo** Un equilibrio saludable en el amor implica reconocer la importancia del bienestar individual. Las parejas deben priorizar el autocuidado para mantener una base sólida para la relación. Esto incluye atender las necesidades de salud física, emocional y mental. Ejercicio: Colabore en la creación de una rutina de autocuidado compartida que integre las prácticas individuales. Esto podría incluir reservar tiempo para pasatiempos personales, ejercicio o relajación. El apoyo mutuo para el autocuidado de los demás contribuye a una asociación equilibrada y resiliente.

Idea 4: **Navegar el conflicto con compasión** El conflicto es inevitable en cualquier relación, pero la forma en que se navega puede afectar significativamente el equilibrio del amor. Cultiva una mentalidad de compasión y comprensión durante los desacuerdos. Evite culpar y, en su lugar, concéntrese en la resolución colaborativa de problemas. Ejercicio: Desarrollen juntos un plan de resolución de conflictos. Identificar los factores desencadenantes, establecer pautas de comunicación y acordar un proceso para resolver conflictos. Este ejercicio permite a los socios abordar los conflictos con empatía y un compromiso compartido para encontrar soluciones constructivas.

Idea 5: **Fomentar sueños y metas compartidos** Un equilibrio amoroso saludable implica alinearse con sueños y metas compartidas para el futuro. Esta visión compartida proporciona un sentido de propósito y dirección, fortaleciendo el vínculo entre los socios. Ejercicio: Dedique tiempo para discutir sus aspiraciones individuales e identificar áreas de superposición. Cree en colaboración un tablero de visión o un plan escrito que describa los objetivos compartidos, fomentando un sentido de unidad e inversión mutua en el crecimiento de la relación.

Insight 6: **Celebra los pequeños momentos de conexión En la búsqueda de un equilibrio**

amoroso saludable, es esencial apreciar y celebrar los pequeños momentos de conexión en la vida cotidiana. Estos momentos contribuyen a una sensación de alegría e intimidad compartidas. Ejercicio: Establezca un ritual diario o semanal que promueva la conexión, como compartir una comida, dar un paseo juntos o expresar gratitud el uno por el otro. El reconocimiento constante de estos pequeños momentos fomenta una atmósfera positiva dentro de la relación.

Idea 7: **Abrazar la flexibilidad y la adaptabilidad Un equilibrio amoroso saludable implica una flexibilidad y** adaptabilidad inherentes a la naturaleza siempre cambiante de la vida. Las circunstancias, las prioridades y las personas evolucionan con el tiempo, lo que requiere que los socios naveguen juntos por estos cambios. Ejercicio: Participar en la toma de decisiones conjuntas que consideren objetivos tanto a corto como a largo plazo. Este ejercicio fomenta un sentido de asociación y responsabilidad compartida, fomentando una conexión resiliente que puede adaptarse a los giros y vueltas de la vida.

Idea 8: **Practica la presencia consciente** La presencia consciente es una herramienta poderosa para cultivar un equilibrio saludable en el amor. Estar plenamente presente en cada momento permite a los socios apreciar la riqueza de sus experiencias compartidas. Ejercicio: Integre prácticas de atención plena en su rutina diaria, como la respiración consciente o los momentos compartidos de reflexión tranquila. La presencia consciente mejora la calidad de la conexión, fomentando un sentido de aprecio y gratitud dentro de la relación.

Insight 9: **Reflexiona regularmente sobre la dinámica** de la relación La autorreflexión regular y la reflexión mutua sobre la dinámica de la relación contribuyen a un equilibrio amoroso saludable. Los socios pueden evaluar lo que está funcionando bien, identificar áreas de mejora y establecer intenciones para un crecimiento continuo. Ejercicio: Programe reuniones periódicas en las que discuta abiertamente el estado de la relación. Este ejercicio promueve la comunicación continua y asegura que ambos miembros de la pareja contribuyan activamente a mantener una conexión amorosa equilibrada y satisfactoria.

Insight 10: **Nutre la intimidad más allá de lo físico La** intimidad es un aspecto multifacético del amor que se extiende más allá del ámbito físico. La intimidad emocional, intelectual y espiritual son igualmente vitales para un equilibrio saludable. Ejercicio: Participe en actividades que fomenten la conexión emocional e intelectual, como compartir pensamientos, sueños o participar en actividades creativas conjuntas. Nutrir diversas formas de intimidad mejora la profundidad y la riqueza de la relación.

Capítulo 8: El arte de dejar ir: liberación consciente del estrés de la relación

Explora la dificultad de dejar de pensar demasiado y el estrés en las relaciones

La dificultad de dejar de pensar demasiado y el estrés en las relaciones es un desafío multifacético que muchas personas encuentran en su viaje hacia conexiones más saludables. Pensar demasiado, a menudo alimentado por el estrés, puede impregnar el tejido de las relaciones, creando una barrera para la intimidad genuina, la comunicación efectiva y el bienestar emocional. Comprender las raíces de esta dificultad y explorar estrategias para liberar el control del pensamiento excesivo y el estrés es esencial para fomentar una relación más armoniosa y satisfactoria.

La naturaleza intrincada de la psicología humana contribuye al desafío de dejar ir. El pensamiento excesivo a menudo surge de una compleja interacción de experiencias pasadas, inseguridades y una tendencia natural a anticipar y analizar los posibles resultados. En las relaciones, este parloteo mental puede manifestarse como cuestionamiento incesante, duda y un deseo abrumador de certeza. El miedo a lo desconocido y la necesidad de tranquilidad pueden alimentar el ciclo de pensar demasiado, lo que dificulta la liberación de este patrón habitual.

El estrés, ya sea que se origine en fuentes externas o en dinámicas internas dentro de la relación, exacerba la dificultad de dejar ir. El impacto fisiológico y psicológico del estrés puede amplificar las tendencias a pensar demasiado, creando un bucle de retroalimentación que dificulta la capacidad de encontrar la calma y la claridad. La respuesta del cuerpo al estrés, caracterizada por una mayor excitación y un enfoque en las amenazas potenciales, puede afianzar aún más los patrones de pensamiento excesivo, lo que dificulta liberarse del ciclo.

Las inseguridades y los traumas del pasado también pueden contribuir a la renuencia a dejar de pensar demasiado y el estrés. Las personas que han experimentado heridas emocionales o traiciones pueden tener una mayor sensibilidad a las amenazas potenciales en sus relaciones actuales. El miedo a ser herido de nuevo puede intensificar la necesidad de control y certeza, alimentando el pensamiento excesivo como mecanismo de protección. Desentrañar estos miedos profundamente arraigados requiere la voluntad de enfrentar las heridas del pasado y cultivar un sentido de confianza en uno mismo y en la pareja.

Los factores sociales y culturales juegan un papel en la configuración de la dificultad de dejar ir en las relaciones. Las expectativas sociales, la comparación con las normas de relación percibidas y el miedo a ser juzgado pueden amplificar la presión para cumplir con estándares poco realistas. El deseo de ajustarse a las expectativas externas puede contribuir a aumentar el estrés y el pensamiento excesivo, ya que las personas lidian con la necesidad percibida de navegar sus relaciones de acuerdo con las normas sociales en lugar de las necesidades individuales auténticas.

Liberarse de las garras del pensamiento excesivo y el estrés en las relaciones requiere un compromiso con la autoconciencia y el cambio intencional. Las prácticas de atención plena ofrecen una poderosa vía para cultivar la conciencia de los patrones de pensamiento y las respuestas emocionales. Al llevar la atención al momento presente sin juzgar, las personas pueden observar las fluctuaciones de la mente, creando un espacio para desenredarse del pensamiento excesivo y los pensamientos que inducen al estrés.

La comunicación efectiva dentro de la relación es un componente clave para superar la dificultad de dejar ir. Los socios pueden establecer de forma colaborativa líneas abiertas de comunicación en las que las preocupaciones, los miedos y las necesidades se expresan con vulnerabilidad y empatía. La creación de un espacio seguro para el diálogo transparente permite que ambas personas compartan sus experiencias, fomentando la comprensión y disminuyendo la necesidad de pensar demasiado.

Las técnicas cognitivo-conductuales pueden ser fundamentales para remodelar los patrones de pensamiento asociados con el pensamiento excesivo. Identificar y desafiar los pensamientos irracionales o improductivos, lo que se conoce como reestructuración cognitiva, puede interrumpir el ciclo de pensamiento excesivo. La introducción de perspectivas realistas e interpretaciones alternativas de las situaciones ayuda a cambiar la mentalidad, fomentando un enfoque más equilibrado y constructivo de la dinámica de las relaciones.

El cultivo de la resiliencia es crucial para abordar la dificultad de dejar ir en las relaciones. Desarrollar la resiliencia emocional implica desarrollar estrategias de afrontamiento, practicar la autocompasión y adoptar una mentalidad de crecimiento. Las personas resilientes están mejor equipadas para superar los desafíos sin sucumbir al pensamiento excesivo y al estrés. Al fomentar la resiliencia, las personas pueden abordar las dificultades de las relaciones con un sentido de adaptabilidad y optimismo.

Dejar de pensar demasiado y el estrés también requiere un compromiso con el autocuidado. Priorizar el bienestar físico, emocional y mental contribuye a una mentalidad más equilibrada y centrada. Participar en actividades que promuevan la relajación, como el ejercicio, la atención plena o los pasatiempos, sirve como contrapeso a las demandas de pensar demasiado. Tomar descansos intencionales de los factores estresantes de las relaciones permite a las personas recargarse y abordar los desafíos con una perspectiva renovada.

Buscar apoyo profesional a través de terapia o asesoramiento puede ser un paso transformador para superar la dificultad de dejar ir. Los terapeutas proporcionan un espacio neutral y de apoyo para que las personas y las parejas exploren las raíces del pensamiento excesivo, aborden los problemas subyacentes y desarrollen estrategias de afrontamiento efectivas. La orientación profesional mejora la autoconciencia y equipa a las personas con las herramientas necesarias para navegar por la dinámica de las relaciones con mayor habilidad.

Cultivar un sentido de aceptación es parte integral del proceso de dejar ir. La aceptación implica reconocer que las incertidumbres y los desafíos son inherentes a las relaciones y, en lugar de tratar de controlar todos los resultados, abrazar la naturaleza fluida de las conexiones humanas. La aceptación crea un espacio para la flexibilidad, lo que permite a las personas liberar la necesidad de pensar demasiado constantemente y encontrar la paz en el momento presente.

Principios de liberación consciente y aceptación

La liberación y la aceptación indful son principios fundamentales arraigados en la práctica de la atención plena, que ofrecen a las personas un enfoque transformador para navegar por las complejidades de la vida con ecuanimidad y presencia. Abrazar estos principios implica cultivar una conciencia sin prejuicios del momento presente, dejar de lado el apego a los resultados y reconocer la impermanencia tanto de la alegría como de los desafíos. Al profundizar en los principios de la liberación consciente y la aceptación, las personas pueden encontrar una fuente profunda de resiliencia y paz frente a las incertidumbres de la vida.

En el centro de la liberación consciente está el reconocimiento de que el sufrimiento a menudo surge de aferrarse a los deseos, las expectativas y la ilusión de control. La liberación consciente implica soltar el control del apego a resultados específicos y adoptar una perspectiva más fluida y de mente abierta. Este principio anima a los individuos a renunciar a la necesidad de que las situaciones se ajusten a nociones preconcebidas, permitiendo que la vida se desarrolle con su imprevisibilidad inherente.

La aceptación, compañera de la liberación consciente, implica reconocer y abrazar la realidad de cada momento sin resistencia. Es una postura activa e intencionada que va más allá de la resignación; Se trata de hacer las paces con lo que es. Esto no implica una aquiescencia pasiva a las circunstancias desafiantes, sino más bien una elección consciente de responder con ecuanimidad, reconociendo que la resistencia a menudo amplifica el sufrimiento. La aceptación abre la puerta a un compromiso más compasivo con uno mismo y con el mundo exterior.

La liberación consciente y la aceptación están profundamente entrelazadas con el concepto de impermanencia. Todo en la vida está en un constante estado de cambio, y abrazar esta verdad es fundamental para los principios en cuestión. Al reconocer que tanto la alegría como los desafíos son temporales, las personas pueden navegar por los altibajos de la vida con una mayor sensación de tranquilidad. Esta conciencia fomenta una resiliencia que surge de una profunda comprensión de que nada es fijo o permanente.

Otro aspecto de la liberación y aceptación consciente implica cultivar una conciencia sin prejuicios de los pensamientos y las emociones. La atención plena anima a las personas a observar sus experiencias internas sin poner etiquetas de "bueno" o "malo". Esta conciencia sin prejuicios crea un espacio para la autocompasión y una comprensión más objetiva del paisaje interno de uno. Permite a las personas liberar los patrones habituales de autocrítica y cultivar una sensación de paz interior.

Dejar ir el pasado y el futuro es un componente clave de la liberación y la aceptación conscientes. A menudo, las personas cargan con el peso de los arrepentimientos pasados o las ansiedades sobre el futuro, lo que puede contribuir al estrés y al pensamiento excesivo. Mindfulness invita a las personas a llevar su atención al momento presente, donde reside la verdadera paz y claridad. Al liberar el apego a las narrativas pasadas y a las proyecciones futuras, las personas pueden liberarse de cargas mentales innecesarias.

La liberación consciente y la aceptación también implican cultivar la gratitud por el momento presente. La gratitud es un poderoso antídoto contra la insatisfacción y el pensamiento excesivo. Al apreciar las pequeñas alegrías y bendiciones de la vida cotidiana, las personas cambian su enfoque de lo que falta a lo que es abundante. Este cambio de perspectiva contribuye a una perspectiva más positiva y satisfecha, fomentando una sensación de plenitud en el presente.

La práctica de la liberación consciente y la aceptación se extiende a las relaciones interpersonales. Adoptar estos principios en el contexto de las relaciones implica dejar de lado las expectativas poco realistas y aceptar a las personas tal como son. Implica liberar la necesidad de controlar o cambiar a los demás y fomentar un espacio de comprensión y compasión. Al abordar las relaciones con liberación consciente y aceptación, las personas pueden cultivar conexiones más saludables y armoniosas.

La liberación consciente y la aceptación no tienen que ver con la pasividad; más bien, empoderan a las personas para responder hábilmente a los desafíos de la vida. Esta capacidad de respuesta surge de un lugar de claridad y presencia en lugar de patrones reactivos impulsados por el miedo o la aversión. Los principios alientan a las personas a hacer una pausa, observar y elegir respuestas intencionales, fomentando una forma más hábil y compasiva de relacionarse con el mundo.

El papel de las prácticas de atención plena, como la meditación y la respiración consciente, es fundamental para el cultivo de la liberación y la aceptación conscientes. Estas prácticas sirven como vehículos para desarrollar la capacidad de estar plenamente presente en cada momento, cultivando una conciencia que se extiende más allá de los patrones habituales de la mente. La práctica regular de la atención plena fortalece las vías neuronales asociadas con la liberación y la aceptación conscientes, haciéndolas más accesibles en la vida diaria.

Técnicas prácticas para dejar de lado las preocupaciones innecesarias y el estrés en el amor

Dejar de lado las preocupaciones innecesarias y el estrés en el amor es una habilidad vital que contribuye a la salud y armonía general de una relación. Cuando las personas pueden soltar el control de las preocupaciones innecesarias, crean un espacio para una conexión auténtica, una comunicación abierta y un viaje compartido más satisfactorio. Las técnicas prácticas para dejar de lado las preocupaciones y el estrés en el amor abarcan una variedad de prácticas de atención plena, estrategias de comunicación y enfoques de autocuidado.

1. **Respiración consciente:** Participar en la respiración consciente es una técnica simple pero poderosa para dejar de lado el estrés en el amor. Respirar lenta e intencionalmente ayuda a activar la respuesta de relajación del cuerpo, reduciendo el impacto fisiológico y emocional del estrés. Cuando se enfrentan a preocupaciones o tensión, las personas pueden hacer una pausa y concentrarse en su respiración, atrayendo la atención al momento presente y permitiendo que la mente se calme.

2. **Conciencia consciente de los pensamientos:** La atención plena implica cultivar una conciencia de los pensamientos sin enredarse en ellos. Cuando surgen preocupaciones, las personas pueden practicar la observación de estos pensamientos sin juzgarlos. Esta conciencia plena ayuda a crear una distancia de los pensamientos, lo que permite una perspectiva más objetiva y menos cargada de emociones.

3. **Visualización positiva:** Las técnicas de visualización pueden ser efectivas para cambiar el enfoque de las preocupaciones a los resultados positivos. Las personas pueden imaginar mentalmente escenarios en los que se resuelven sus preocupaciones o visualizar momentos de alegría y conexión en su relación. La visualización positiva sirve como contrapeso al pensamiento negativo, promoviendo una perspectiva más optimista.

4. **Práctica de la gratitud:** Cultivar una práctica de gratitud es una forma transformadora de desviar la atención de los factores estresantes. Reconocer y apreciar regularmente los aspectos positivos de la relación fomenta una sensación de abundancia y satisfacción. La gratitud se puede expresar a través de un diario, afirmaciones verbales o momentos compartidos de aprecio con una pareja.

5. **Comunicación efectiva: La** comunicación abierta y honesta es una herramienta fundamental para aliviar el estrés en el amor. Cuando surgen preocupaciones, expresarlas a un compañero fomenta la comprensión y la

colaboración. La comunicación efectiva implica no solo compartir preocupaciones, sino también escuchar activamente la perspectiva de un socio. Este intercambio crea un ambiente de apoyo en el que ambas personas se sienten escuchadas y valoradas.

6. **Establecer expectativas realistas:** A menudo, el estrés en las relaciones se deriva de expectativas poco realistas. Las personas pueden mitigar esto estableciendo expectativas realistas para sí mismas, su pareja y la relación. Reconocer que la perfección es inalcanzable y aceptar las imperfecciones inherentes a cualquier relación contribuye a una mentalidad más arraigada y menos estresante.

7. **Establecer límites:** Los límites claros son esenciales para mantener un equilibrio saludable y reducir el estrés innecesario. Las personas pueden comunicarse y establecer límites en torno al espacio personal, el tiempo a solas y las expectativas. Respetar los límites del otro crea una sensación de seguridad y autonomía dentro de la relación, lo que reduce las posibles fuentes de estrés.

8. **Gestión consciente del tiempo:** La gestión eficaz del tiempo y las prioridades contribuye a la reducción del estrés. Las parejas pueden colaborar en la creación de horarios que permitan tanto actividades individuales como compartidas. La gestión consciente del tiempo garantiza que las responsabilidades se compartan de manera equitativa y que cada miembro de la pareja tenga el espacio para atender sus necesidades, promoviendo una dinámica más equilibrada y libre de estrés.

9. **Rituales de autocuidado:** Priorizar el autocuidado es un componente crucial de la reducción del estrés en el amor. Las personas pueden establecer rituales de autocuidado que nutran su bienestar físico, emocional y mental. Ya sea que se trate de tomar un baño relajante, participar en un pasatiempo favorito o pasar tiempo en la naturaleza, las prácticas de autocuidado contribuyen a la resiliencia y a una mentalidad más positiva.

10. **Practica la aceptación:** Dejar ir las preocupaciones implica aceptar la realidad del momento presente. La

aceptación no implica resignación, sino más bien reconocer que ciertos aspectos de la relación están fuera del control de uno. Practicar la aceptación permite a las personas soltar el control de los factores estresantes innecesarios y abordar los desafíos con una mentalidad más adaptable y con los pies en la tierra.

11. **Reflexión consciente:** La reflexión regular sobre los propios pensamientos y emociones contribuye a la autoconciencia. Las personas pueden reservar tiempo para la reflexión consciente, explorando las causas fundamentales de sus preocupaciones y estrés. Esta autoindagación intencional fomenta una comprensión más profunda de las preocupaciones subyacentes y proporciona información sobre posibles soluciones.

12. **Participar en técnicas de relajación:** La incorporación de técnicas de relajación, como la relajación muscular progresiva o la imaginación guiada, puede ayudar a liberar la tensión física asociada con el estrés. Estas técnicas promueven un estado de calma y relajación, creando un contrapeso fisiológico a la respuesta al estrés.

Conclusión: Abrazar el amor consciente para una conexión duradera

Principios y estrategias clave para abordar el pensamiento excesivo en las relaciones

Abordar el pensamiento excesivo en las relaciones implica aplicar principios y estrategias clave para fomentar una dinámica más saludable y equilibrada. El amor consciente sirve como filosofía guía, enfatizando la conciencia del momento presente, la comprensión sin prejuicios y la conexión intencional. He aquí un resumen conciso de los principios y estrategias clave:

1. Conciencia consciente: Para abordar el pensamiento excesivo es fundamental cultivar la conciencia consciente. Esto implica estar completamente presente en el momento actual sin enredarse en pensamientos intrusivos sobre el pasado o el futuro. La conciencia plena proporciona una base para comprender los patrones de pensamiento y las emociones, lo que permite a las personas responder a los desafíos de las relaciones con mayor claridad.

2. Comprensión sin prejuicios: Pensar demasiado a menudo implica una dura autocrítica y juicio. Adoptar una postura

sin prejuicios hacia uno mismo y hacia la pareja es crucial. En lugar de etiquetar los pensamientos como "buenos" o "malos", las personas pueden practicar observarlos sin apego. Este principio fomenta la autocompasión y promueve una comprensión más empática de las complejidades dentro de la relación.

3. Comunicación efectiva: La comunicación abierta y honesta es una piedra angular para abordar el pensamiento excesivo. Las parejas pueden crear un espacio seguro para expresar pensamientos y preocupaciones sin temor a ser juzgados. Escucharse activamente unos a otros fomenta el entendimiento mutuo, reduciendo la probabilidad de interpretaciones erróneas y conflictos provocados por el pensamiento excesivo.

4. Establecer límites saludables: Establecer límites claros y saludables es esencial para manejar el pensamiento excesivo. Los límites ayudan a las personas a definir su espacio personal, sus necesidades y sus límites. Comunicar y respetar estos límites crea una sensación de seguridad dentro de la relación, reduciendo la necesidad de analizar o controlar en exceso todos los aspectos.

5. Cultivar la gratitud: La gratitud sirve como un poderoso antídoto contra el pensamiento excesivo. Centrarse en los aspectos positivos de la relación y expresar gratitud por las contribuciones del otro crea una mentalidad más optimista. Este cambio de perspectiva refuerza una sensación de abundancia y satisfacción, disminuyendo la tendencia a detenerse en los problemas potenciales.

6. Toma de decisiones consciente: La toma de decisiones consciente implica tomar decisiones basadas en la conciencia del momento presente en lugar de patrones reactivos impulsados por el pensamiento excesivo. Los socios pueden colaborar en las decisiones, teniendo en cuenta las perspectivas de cada uno y el impacto en la relación. La toma de decisiones consciente reduce la probabilidad de preocupaciones innecesarias sobre los resultados futuros.

7. Autorreflexión: La autorreflexión regular es clave para abordar el pensamiento excesivo. Las personas pueden explorar las causas fundamentales de sus tendencias a pensar demasiado, identificando patrones y desencadenantes. Esta práctica

introspectiva mejora la autoconciencia,
empoderando a las personas para
liberarse del pensamiento excesivo
habitual y tomar decisiones conscientes
dentro de la relación.

8. Resolución de conflictos con empatía:
   Pensar demasiado puede contribuir a las
   rupturas y conflictos de comunicación.
   Resolver conflictos con empatía implica
   escuchar activamente las preocupaciones
   de los demás, validar las emociones y
   buscar soluciones colaborativas. Este
   enfoque fomenta una conexión más
   profunda y minimiza el impacto de pensar
   demasiado en la dinámica de las
   relaciones.

9. Presencia consciente en la intimidad: La
   presencia consciente se extiende a los
   momentos íntimos de la relación. Estar
   completamente presente durante las
   experiencias compartidas fomenta una
   conexión emocional más profunda y
   reduce las distracciones causadas por
   pensar demasiado. Las parejas pueden
   practicar la intimidad consciente para
   mejorar la calidad de su conexión.

10. Crecimiento y aprendizaje continuos:
    Adoptar la idea de que las relaciones son
    un viaje de crecimiento y aprendizaje

continuos ayuda a las personas a superar los desafíos con resiliencia. En lugar de ver los obstáculos como insuperables, las parejas pueden abordarlos como oportunidades para el desarrollo personal y relacional, reduciendo la carga de pensar demasiado.

Abraza el amor consciente como una práctica para toda la vida

Abrazar el amor consciente como una práctica de por vida es una invitación a transformar la forma en que las personas se relacionan, fomentando un sentido de conexión profundo y duradero. El amor consciente va más allá de los gestos románticos fugaces; Se convierte en una filosofía rectora, una forma de ser que impregna todos los aspectos de las interacciones con uno mismo y con los demás. Aquí hay razones convincentes para alentar a los lectores a embarcarse en el viaje del amor consciente como una práctica para toda la vida:

El amor consciente es un viaje continuo de autodescubrimiento. A medida que las personas se comprometen con la práctica de la atención plena dentro del contexto de las relaciones, se embarcan en una exploración profunda de sus propios pensamientos, emociones y patrones de comportamiento. Esta autoconciencia sienta las bases para el crecimiento personal, permitiendo a las personas cultivar una comprensión más profunda de sus necesidades, deseos y respuestas en el ámbito del amor.

En la búsqueda del amor consciente, las personas aprenden a navegar por el flujo y reflujo de las relaciones con gracia y resiliencia. En lugar de ver los desafíos como obstáculos insuperables, los aceptan como oportunidades de crecimiento y aprendizaje. El amor consciente fomenta una mentalidad de adaptabilidad y apertura de corazón, fomentando un entorno en el que las relaciones pueden evolucionar y florecer con el tiempo.

Abrazar el amor consciente es un antídoto contra las trampas de pensar demasiado y las preocupaciones innecesarias. Al permanecer arraigados en el momento presente, las personas liberan la carga de rumiar el pasado o anticipar ansiosamente el futuro. Esta práctica permite una conexión más genuina y espontánea con una pareja, libre de las limitaciones de sobreanalizar cada interacción.

El amor consciente promueve una cultura de profundo aprecio y gratitud. Las personas que se involucran en esta práctica de por vida reconocen y celebran constantemente los aspectos positivos de sus relaciones. La gratitud se convierte en una piedra angular, fomentando un entorno en el que las parejas se sienten vistas, valoradas y apreciadas. Este enfoque intencional en el aprecio contribuye a una experiencia amorosa más positiva y satisfactoria.

Los principios del amor consciente se extienden más allá de las relaciones románticas para abarcar las relaciones con la familia, los amigos y uno mismo. Se convierte en un enfoque holístico de la conexión, enfatizando la importancia de estar completamente presente en cada interacción. Al adoptar el amor consciente en todas las relaciones, las personas crean un efecto dominó de autenticidad, compasión y comprensión que impacta positivamente en toda su red social.

Un compromiso de por vida con el amor consciente implica una exploración continua de los matices de la intimidad. Los socios que participan en esta práctica profundizan continuamente su conexión emocional a través de la presencia consciente en experiencias compartidas. Desde los momentos mundanos hasta los hitos significativos, la práctica del amor consciente enriquece el tejido de la relación, creando un tapiz tejido con intención y autenticidad.

El amor consciente sirve como una luz guía durante los momentos de conflicto e incomprensión. En lugar de reaccionar impulsivamente, las personas basadas en el amor consciente abordan los conflictos con un espíritu de empatía y escucha activa. Este enfoque transforma los desacuerdos en oportunidades de entendimiento mutuo, fortaleciendo los lazos de la relación.

La práctica de toda la vida del amor consciente es una inversión en el bienestar emocional. Fomenta una sensación de paz interior y satisfacción, reduciendo el impacto de los factores estresantes externos en la relación. Al priorizar el autocuidado y mantener una mentalidad equilibrada, las personas contribuyen a la creación de una conexión amorosa resiliente y próspera.

En última instancia, animar a los lectores a abrazar el amor consciente como una práctica de por vida es una invitación a embarcarse en un viaje transformador de crecimiento personal y relacional. Es un compromiso para construir relaciones que no solo sean duraderas, sino también profundamente satisfactorias. A través de la práctica del amor consciente, las personas cultivan un amor que es intencional, auténtico y capaz de resistir las pruebas del tiempo.

Reflexiones finales sobre el poder transformador de la atención plena para fomentar una conexión duradera y la satisfacción en las relaciones

Al reflexionar sobre el poder transformador de la atención plena para fomentar una conexión duradera y la satisfacción en las relaciones, uno no puede evitar maravillarse del profundo impacto que esta práctica puede tener en el tejido de las conexiones humanas. El mindfulness, como forma de ser, trasciende lo ordinario y se convierte en un catalizador de transformaciones extraordinarias dentro del ámbito de las relaciones.

En esencia, la atención plena invita a las personas a estar plenamente presentes en cada momento, a participar en una conciencia consciente y sin prejuicios de sí mismos y de sus parejas. Esta presencia intencional sirve como la piedra angular de la conexión auténtica, permitiendo que las personas se muestren en las relaciones con una claridad que va más allá de las interacciones superficiales. A medida que las parejas se embarcan en el viaje de la conexión consciente, descubren una profundidad de comprensión y una riqueza de experiencia que trasciende lo superficial.

El poder transformador del mindfulness radica en su capacidad para remodelar la dinámica de la comunicación. La escucha atenta, caracterizada por una apertura genuina a las palabras de la pareja, fomenta un ambiente de confianza y vulnerabilidad. A través de esta comunicación más profunda, las parejas forjan vínculos que resisten las pruebas del tiempo. La práctica de la comunicación consciente se convierte en una herramienta para resolver conflictos con compasión, allanando el camino para una conexión más armoniosa y resiliente.

La atención plena es un faro de luz durante las tormentas de la vida, que ofrece consuelo y resiliencia frente a los desafíos. En lugar de sucumbir a las presiones de los factores estresantes externos, las parejas basadas en la atención plena abordan las dificultades con un sentido de propósito compartido y adaptabilidad. La capacidad de navegar por los altibajos de la vida con ecuanimidad se convierte en un testimonio de la fuerza de la conexión forjada a través del amor consciente.

El viaje transformador de la atención plena en las relaciones se extiende más allá de la pareja para impactar a la comunidad en general. A medida que las personas cultivan la atención plena dentro de sí mismas y con sus parejas, contribuyen a una conciencia colectiva de compasión y comprensión. Este efecto dominó tiene el potencial de crear un tejido social más interconectado y armonioso, fomentando un mundo en el que las relaciones conscientes sirvan como faros de inspiración.

La realización en las relaciones está intrincadamente ligada a la práctica de la gratitud en el marco de la atención plena. Las parejas que expresan conscientemente gratitud por la presencia, las contribuciones y la singularidad del otro crean una atmósfera positiva y afirmativa. Este enfoque intencional en la gratitud se convierte en una fuente de nutrición, sosteniendo el bienestar emocional de los individuos y la relación en su conjunto.

En esencia, el poder transformador de la atención plena en las relaciones radica en su capacidad para elevar lo ordinario a lo extraordinario. Los momentos mundanos se llenan de significado y las interacciones diarias adquieren un profundo significado. La atención plena es un recordatorio de que el amor no es simplemente un destino, sino un viaje, un viaje de exploración, crecimiento y experiencias compartidas.

Al contemplar el impacto de la atención plena en la conexión duradera y la satisfacción en las relaciones, se hace evidente que esta práctica no es una tendencia pasajera, sino una verdad atemporal y universal. La atención plena tiene el potencial de revolucionar la forma en que las personas abordan el amor, guiándolas hacia un camino de profundidad, autenticidad y conexión duradera. El viaje del amor consciente es una evolución continua, una danza de presencia y conciencia que transforma las relaciones en santuarios de alegría, comprensión y profunda satisfacción.